2in1
zum Nachschlagen

Deutsche Grammatik

Schroedel

2in1 zum Nachschlagen

Deutsche Grammatik

Dorothea Ader und Karl-Dieter Bünting
Neu bearbeitet von Thomas Stakenborg

Druck ^{1}/Jahr 2011

Kontakt: lernhilfen@schroedel.de
Herstellung: Sandra Grünberg
Umschlaggestaltung und Layout: Janssen Kahlert Design und Kommunikation GmbH, Hannover
Illustrationen: Thies Schwarz, Hannover
Redaktion und Satz: imprint, Zusmarshausen
Druck und Bindung: pva, Druck- und Medien-Dienstleistungen GmbH, Landau

ISBN 978-3-507-**22372**-1

Inhaltsverzeichnis

So funktioniert 2in1 zum Nachschlagen

Ausnahmen, Warnungen und wichtige Wortlisten stehen auf diesen Zetteln.
Du solltest sie unbedingt beachten!

Zusätzliche Informationen, Interessantes und Witziges findest du hier!

Die Überschrift sagt dir, worum es geht

- Regeln, die du lernen solltest, stehen auf gelbem Hintergrund – manchmal mit Beispielen als Erklärung.
- Die Merksätze, die hinter dem grünen Dreieck stehen, sind wichtig.
  Du solltest sie so oft lesen, bis du sie wirklich verstanden hast. Beispiele helfen dir dabei.
- Das orangefarben Gedruckte ist besonders wichtig oder beschreibt eine Ausnahme zur Regel.
  Hier ganz besonders aufpassen!

Beispiele, die zu einer Regel oder einem Merksatz gehören, findest du auf weißem Hintergrund, direkt daneben oder darunter.
Mithilfe der Beispiele kannst du besser verstehen, was eine Regel aussagt.
Das, worauf du besonders achten musst, ist **fett gedruckt**.

1 Die Grammatik im Überblick

Das griechische Wort *gramma* bedeutet „Buchstabe“; dazu gehört das lateinische *ars grammatica* („Sprachlehre“). Grammatik in der Bedeutung „Lehrbuch der Grammatik“ kennt man seit 1524, also seit der Zeit Martin Luthers.

Die Wörter der Sprache

Wortschatz

viele 100 000 Wörter

- mit Bedeutungen über Welt und Wirklichkeit, Lebewesen, Dinge und Sachen, Sachverhalte, Tatbestände, Gedanken und Begriffe, Träume, Fantasien, Erinnerungen
- ständiger Wandel und Zuwachs
  - Fremdwörter aus anderen Sprachen
  - Umdeutung: Bedeutungswandel, Bedeutungsübertragung
  - Wortbildung: durch Zusammensetzung oder durch Ableitung

Wortlehre

10 Wortarten (→ Seite 2)

- flektiert (gebeugt):
  - Verb (Tätigkeitswort)
  - Nomen/Substantiv (Hauptwort)
  - Adjektiv (Eigenschaftswort)
  - Pronomen (Fürwort)*
  - Artikel (Geschlechtswort)
  - Numerale (Zahlwort)*
- unflektiert (ungebeugt)
  - Adverb (Umstandswort)
  - Präposition (Verhältniswort)
  - Konjunktion (Bindewort)
  - Interjektion (Ausrufewort)
- Wortartwechsel: durch Wortbildung aus zwei Wortstämmen unterschiedlicher Wortart (Bild + schön → bildschön) oder durch Ableitung mit Wortbildungselement (brauchen → brauchbar, Brauchtum) und ohne Wortbildungselemente (lebe → das Leben; gut → das Gute)

* manche sind unflektiert

Grammatik ist wie das Leben:
Die Ausnahmen sind häufiger als die Regeln.

... in Sätzen

Satzlehre I

Satzglieder als Antworten auf Fragen zur Handlung, die der Satz beschreibt:

- Subjekt (notwendiger Satzgegenstand): *Wer handelt?*
- Prädikat (Satzaussage): *Was geschieht?*
- Objekt (Ergänzung)
  - Akkusativobjekt (notwendige Ergänzung im 4. Fall): *Wen/was betrifft es?*
  - Dativobjekt (notwendige Ergänzung im 3. Fall): *Wem geschieht es?*
  - Genitivobjekt (notwendige Ergänzung im 2. Fall): *Wessen?*
  - Präpositionales Objekt (notwendige Ergänzung): *Auf wen zielt es ab? Wofür ist es bestimmt?*
- Adverbiale (weglassbare Angabe): *Wo? Wann etc. geschieht die Handlung?*
- Attribut (Beifügung), Erweiterung eines nominalen Satzgliedes: *Was für ein?*
- Prädikativ: Ergänzung des Prädikats bei *sein, werden, bleiben*: *Wie ist das Subjekt? Was ist das Subjekt?*

Stellung der Satzglieder

- fixe, aber je Satzart unterschiedliche Stellung von Prädikat bzw. Prädikatsklammer
- bei nur einem weiteren Satzglied, einem Subjekt, davon abhängige Stellung
- variable Stellung bei mehreren Satzgliedern

Satzlehre II

Satzbaupläne

- einfacher Satz (Satzkern) nur notwendige Satzglieder
- erweiterter Satz notwendige Satzglieder erweitert durch weglassbare Satzglieder
- Kurzsatz (Satzellipse) grammatisch unvollständig
- komplexer Satz
  - Satzreihe: gleichgeordnete Sätze
  - Satzgefüge: Hauptsatz mit untergeordnetem Gliedsatz (Nebensatz)

Satzarten

- Aussagesatz: Mitteilungssatz
- Aufforderungssatz: Befehlssatz, Wunschsatz
- Fragesatz: Entscheidungsfrage (Antwort ja oder nein) Ergänzungsfrage (= W-Frage)

Betonung

- als Bedeutungsträger beim Sprechen

Satzschlusszeichen

- als Bedeutungsträger beim Schreiben

... in Texten

Text

Sätze im Text

lateinisch *textus* = Gewebe, Geflecht, Verbindung, Zusammenhang
Stammwort ist *textere* = weben, flechten, kunstvoll zusammenfügen

Vom gleichen Stammwort kommt auch „Textil“ = Gewebe, Tuch.

Ein Text ist also eine Verbindung zusammenhängender Sätze.

Beispiel:
Lieber Mark,
gestern waren wir im Zoo. Wir wollten zu den Pinguinen, doch du wirst es nicht glauben, die kamen zu uns. Gerade gingen wir am Giraffenhaus vorbei, als eine ganze Schar dieser putzigen, schwarz-weißen Kerlchen den Weg heruntergewatschelt kam. Mit ihren Stummelflügelärmchen ...

2 Die Wortarten im Überblick

flektierbar – konjugierbar

Verb (Tuwort, Tätigkeitswort, Zeitwort)	sprechen, schreiben, lesen, hören
▶ **Person:** 1., 2., 3.	ich spreche, du sprichst
▶ **Numerus:** Singular, Plural	ich spreche, wir sprechen
▶ **Modus:** Indikativ, Konjunktiv, Imperativ	sprechen, spräche, sprich!
▶ **Aktiv – Passiv**	ich höre, ich wurde gehört,
▶ **Tempus:** Präsens, Präteritum, Perfekt, Plusquamperfekt, Futur I, Futur II	ich schreibe, ich schrieb, ich habe geschrieben, ich hatte geschrieben, ich werde schreiben, ich werde geschrieben haben

konjugierbar heißt:
veränderbar in Person, Numerus und Tempus

deklinierbar heißt:
veränderbar in Kasus und Numerus

flektierbar – deklinierbar

Nomen/Substantiv (Namenwort, Hauptwort, Dingwort)	Mensch, Mann, Frau, Bäcker, Freundin, Achtung, Freiheit
▶ **Genus:** Maskulinum, Femininum, Neutrum	der Mann, die Frau, das Kind, der Löffel, die Gabel, das Messer
▶ **Numerus:** Singular, Plural	der Mensch, die Menschen
▶ **Kasus:** Nominativ, Genitiv, Dativ, Akkusativ	der Mensch, des Menschen, dem Mann, den Mann
Pronomen/Pronomina (Fürwort)	
▶ Personalpronomen	ich, du, er, sie, es, wir, ihr, sie
▶ Possessivpronomen	mein, dein, sein, ihr, unser, euer, ihr
▶ Demonstrativpronomen	dieser, jener
▶ Relativpronomen	der, die, das, welcher, welche, welches
▶ Interrogativpronomen	wer, was, wem, wen
▶ Indefinitpronomen	man, alle, viele
Artikel (Geschlechtswort)	
▶ bestimmt	der, die, das
▶ unbestimmt	ein, eine, ein
Adjektiv (Eigenschaftswort, Wiewort)	gut, rot, schön, biegsam, glücklich, fleißig
▶ **Steigerung:**	
Komparativ	besser, schöner
Superlativ	beste, schönste
Numerale/Numeralia (Zahlwort)	
▶ Kardinalzahl	eins, zwei, tausend
▶ Ordinalzahl	erste, zweite, tausendste
▶ Wiederholungszahl	einfach, dreifach, einmal
▶ Bruchzahl	drittel, Drittel, zehntel

unflektierbar – unveränderbar

Adverb/Adverbien (Umstandswort)	nicht, sehr, so, oft, dort, bald, vergebens, glücklicherweise, morgens
Präposition (Verhältniswort, Fügewort)	an, auf, in, über, unter, vor, zwischen, mit, für, bei, entgegen
Konjunktion (Bindewort)	
▶ nebenordnend	und, oder, denn, aber, sowohl ... als auch
▶ unterordnend	dass, weil, nachdem, obwohl
Interjektion (Ausrufewort)	Au!, Ha!, Oh!, Hui!, Pfui!, Bravo!, Buh!

3 Die Wortarten im Text (am Beispiel „Die Bremer Stadtmusikanten")

Das **Verb**,
- um das sich als Prädikat im Satz alles dreht.
- das ausdrückt, was geschieht, getan wird.
- mit seinen 221 Formen: *schreiben, schrieb, geschrieben, …* (→ Seite 6)

Ein Mann **besaß** einen Esel, der schon viele Jahre unermüdlich die Säcke zur Mühle **getragen hatte**, nun **ließen** aber seine Kräfte mehr und mehr **nach**, sodass er immer weniger **tragen konnte.**
Da **beschloss** der Besitzer ihn zu **töten**, …

Das **Nomen/Substantiv**,
- das Greifbares (sog. Konkreta) und nicht Greifbares (sog. Abstrakta) wie Lebewesen, Dinge, Gedanken, Begriffe, Gefühle benennt und ordnet: *Mensch, Haus, Zahl, Freude.*
- mit seinen Begleitern und Stellvertretern, dem Artikel und den Pronomen in den vier Fällen, in Einzahl und Mehrzahl, in den drei grammatischen Geschlechtern, die der Artikel anzeigt.
- das viele Rollen im Satz spielen kann und muss.

… aber der **Esel** merkte, was sein **Herr** mit ihm vorhatte, lief fort und machte sich auf den **Weg** nach **Bremen**. Dort, meinte er, könnte er **Stadtmusikant** werden. Als er eine **Strecke** gegangen war, lag vor ihm ein **Jagdhund** auf dem **Weg**, der erschöpft nach **Luft** schnappte.
„Was schnaufst du denn so, **Packan**?", fragte der **Esel**.

Das **Adjektiv**,
- das ausdrückt, wie etwas ist, welche Eigenschaften es hat, wie es bewertet wird: *schön, hässlich, fleißig, lila.*
- das gesteigert werden kann: *gut, besser, beste.*
- das im Satz Nomen näher bestimmt und dann gebeugt wird wie sie: *der **alte** Hund.*
- das mit dem Verb *sein* ein eigenes Satzmuster bildet: *Der Hund **ist** alt.*
- das auch wie ein **Adverb** benutzt werden kann und dann nicht gebeugt wird: *Er nimmt **schnell** Reißaus.*

„Ach, sagte der Hund, weil ich **alt** bin und jeden Tag **schwächer** werde, auch auf der Jagd nicht mehr **gut** mitgehen kann, wollte mein Herr mich totschlagen, da bin ich **schnell** weggelaufen; aber womit soll ich nun mein Brot verdienen?"
„Weißt du was", sprach der Esel, „ich gehe nach Bremen und werde dort Stadtmusikant, geh mit und lass dich auch bei der Musik anstellen. Ich spiele die Gitarre und du schlägst die Trommel."

Der **Artikel**,
- der Begleiter des Nomens ist.
- der das grammatische Geschlecht anzeigt: *der, die, das, ein, eine, ein.*
- der Einzahl, Mehrzahl und die vier Fälle mit kennzeichnet: ***der** Hund, **des** Hundes, **dem** Hund, **den** Hund, **die** Tiere.*

Der Hund war damit einverstanden und sie gingen weiter. Es dauerte nicht lange, da saß da **eine** Katze an **dem** Wegesrand und machte **ein** Gesicht wie drei Tage Regenwetter.
„Nun, was ist dir in **die** Quere gekommen, alter Bartputzer?", sprach **der** Esel.

Die **Pronomen**,
- die die Nomen/Substantive vertreten oder begleiten.
- die die Fäden knüpfen im Text, von einem Satz zum anderen und zum nächsten und übernächsten.
- die einen Text an die Situation des Sprechens und Hörens, des Schreibens und Lesens binden: *ich* ist immer der, der spricht oder schreibt, *du* ist immer der, der angesprochen ist, *er, sie, es* sind die, über die etwas gesagt wird.
- die meistens gebeugt werden wie die Nomen/Substantive, welche sie begleiten oder für die sie stehen.

„**Wer** kann da lustig sein, wenn's **ihm** an den Kragen geht?", antwortete die Katze.
„Weil **ich** nun alt werde, **meine** Zähne stumpf sind und **ich** lieber hinter dem Ofen sitze und träume als nach Mäusen zu jagen, hat **mich meine** Besitzerin ertränken wollen; **ich** bin zwar noch entkommen, aber nun ist guter Rat teuer: Wo soll **ich** hin?"
„Geh mit **uns** nach Bremen, **du** kennst **dich** doch mit der Nachtmusik aus, da kannst **du** ein Stadtmusikant werden."
Die Katze fand **das** gut und ging mit **ihnen** mit.

4 Weitere Wortarten im Text (am Beispiel „Die Bremer Stadtmusikanten")

Die **Zahlwörter** (die **Numeralia**),

- die Zahlen, Reihenfolgen und Wiederholungen ausdrücken.
- die in machen Fällen auch anderen Wortarten zugerechnet werden können:
  beim Nomen als *Million, Tausende, ein Hunderter, ein Viertel;*
  beim Adjektiv als *erster, zweiter, einmalig;*
  beim Adverb als *eins, zwei, drei, einmal.*

Darauf kamen die **drei** Ausreißer an einem Hof vorbei, da saß auf dem Tor der Haushahn und schrie aus Leibeskräften.
„Dein Geschrei geht durch Mark und Bein", sprach der Esel, „was hast du vor?"

Das **Adverb**,

- das ausdrückt, wann und wo und wie etwas ist, warum, weshalb, wozu etwas geschieht.
- das immer ungebeugt ist.
- das wie die Konjunktionen Sätze verbinden kann: *daher, auch, trotzdem, dennoch …*
- das immer da ist, um eine Lücke zu füllen, um einem Ausruf zu einem richtigen Wort zu verhelfen: *Na also! Nun denn! Ach so!*

„**Da** hab ich gutes Wetter vorhergesagt", sprach der Hahn, „aber weil **morgen** Sonntag ist und Gäste kommen, hat die Hausherrin kein Erbarmen und hat der Köchin gesagt, sie wollte mich **morgen** in der Suppe essen, und **jetzt** soll ich mir **heute** Abend den Kopf abschneiden lassen. **Nun** schrei ich aus vollem Hals, **so lange** ich **noch** kann."
„Ei was, du Rotkopf", sagte der Esel, „zieh **lieber** mit uns fort, wir gehen nach Bremen, etwas Besseres als den Tod findest du **überall**; du hast eine gute Stimme, und wenn wir **zusammen** musizieren, so wird das **wohl** gehen."
Dem Hahn gefiel der Vorschlag und sie gingen alle vier **zusammen** fort. Sie konnten die Stadt Bremen in einem Tag **nicht** erreichen und kamen **abends** in einen Wald.

Die **Präpositionen**,

- die dem Nomen helfen, Raum und Richtung, Zeit und Dauer, Grund und Ursache, Mittel, Zweck und Folge auszudrücken: *an, auf, hinter, in, mit, von.*
- die selbst nicht gebeugt werden, die aber wie ein König die Beugung des nachfolgenden Nomens bestimmen (die Präposition regiert den Kasus des Nomens).

Der Esel und der Hund legten sich **unter** einen großen Baum, die Katze kletterte **in** die Äste, der Hahn flog **bis in** die Spitze, wo es am sichersten **für** ihn war. Bevor er einschlief, sah er sich noch einmal **nach** allen vier Himmelsrichtungen um, da erschien es ihm, er sähe **in** der Ferne ein Fünkchen brennen, und er rief seinen Gefährten zu, es müsste gar nicht weit ein Haus sein, es scheine ein Licht.

Die **Konjunktionen**,

- die inhaltliche Zusammenhänge hervorheben und ihre Aufgabe als Bindemittel haben.
- die für das Denken die Weichen stellen:
  und oder *oder* oder *aber* oder *denn*, *weil* oder *obwohl*, *ehe* oder *nachdem*, …
- zum Aneinanderreihen von Wörtern, Satzgliedern, Teilsätzen oder Sätzen:
  und, sowohl … als auch, entweder … oder, …
- zum Anbinden von untergeordneten Gliedsätzen/Nebensätzen an übergeordnete Sätze, damit eine klare Ordnung herrscht und jeder weiß, wie das Satzgefüge gebaut ist:
  dass, damit, wenn, obgleich …

Da sprach der Esel: „So müssen wir uns aufmachen **und** noch hingehen, **denn** hier schläft man sicher nicht gut." Der Hund meinte, ein paar Knochen **und** etwas Fleisch dran täten ihm auch gut. Also machten sie sich auf den Weg in Richtung des Lichts, **und** dieses wurde immer größer, **bis** sie schließlich vor ein hell erleuchtetes Räuberhaus kamen. Der Esel, als der Größte, näherte sich dem Fenster **und** schaute hinein.
„Was siehst du, Grauschimmel?" fragte der Hahn.
„Was ich sehe?", antwortete der Esel. „Einen gedeckten Tisch mit schönem Essen **und** Trinken **und** Räuber sitzen daran **und** lassen sich's gut gehen."

Das **Ausrufewort** (die **Interjektion**),

- das Empfinden und Gefühle ausdrückt: *autsch, hmm, hopp hopp, dalli dalli, …*
- das sich nicht beugen lässt.
- das sich nicht in Satzglieder oder Satzmuster eingliedern lässt.

„Das wäre was für uns", sprach der Hahn.
„Ja, ja, **ach**, wären wir da!", sagte der Esel.

5 Das Verb im Überblick

Der Begriff „Verb“ kommt vom lateinischen *verbum* und bedeutet „Wort“. Schon die lateinischen Grammatiker wollten mit dieser Benennung zeigen, dass sie das Verb für die wichtigste Wortart hielten. Diese Seite zeigt, dass bei der Wortart „Verb“ viel los ist. Das hat seinen guten Grund. Das Verb erbringt vielfältige Leistungen und benötigt dafür viele Formen. Zusammen mit den Nomen/Substantiven bildet es die weitaus größte Gruppe im Wortschatz.
Jeder Satz enthält mindestens ein Verb und ein Nomen/Substantiv oder seinen Stellvertreter.

Diese wichtige Wortart heißt auch Tätigkeitswort oder Tuwort, weil sie Handlungen und Vorgänge bezeichnet, oder auch Zeitwort, weil man sie in alle Tempora setzen kann.

Wortschatz

Es gibt über 5000 Verben mit vielen Ableitungen und Zusammensetzungen.

fahren, abfahren, anfahren, auffahren, ausfahren, …

Texte

Es gibt unendlich viele Texte, die aus Sätzen bestehen. Jeder Satz enthält mindestens ein Verb.

Es **gibt** unendlich viele Texte, die aus Sätzen **bestehen**. Jeder Satz **enthält** ein Verb.

Wortformen

Es gibt 221 grammatische Formen (→ Seite 6). Jedes Prädikat enthält ein gebeugtes Verb.
Das Verb bestimmt Zahl und Art von Objekten und Ergänzungen:

- 1. ohne Objekt *(Das Pinguineweibchen brütet.)*
- 2. mit Akkusativobjekt *(Der Gletscher wirft* ***einen Schatten.****)*
- 3. mit Dativ- und Akkusativobjekt *(Das Pinguinmännchen bringt* ***seiner Frau einen Fisch****.)*
- 4. mit Akkusativobjekt und Ergänzung des Ortes. *(Das Weibchen legt das Ei* ***auf seine Füße****.)*

Man unterscheidet **Vollverben**, die eine eigenständige Bedeutung haben, von **Hilfsverben**, die zur Bildung der zusammengesetzten Zeitformen und des Passivs eingesetzt werden.
Hinsichtlich der Konjugation lassen sich wenige **starke** (unregelmäßige) und viele **schwache** (regelmäßige) Verben unterscheiden:
Starke Verben bilden das Präteritum durch eine Veränderung im Stammvokal (rufen → r**ie**f, schlagen → schl**u**g, geben → g**a**b).
Schwache Verben bilden das Präteritum durch Einfügen eines **t(e)** zwischen Verbstamm und Personalendung (lieb-**t-e**, kauf-**te-st**).

Wortart Verb im Satzglied Prädikat

Mehrteilige Verbformen bilden im Satz eine Klammer (Verbklammer, Prädikatsklammer).
Es gibt drei Typen von Verbklammern:

- 1. mit Hilfsverb
- 2. mit Modalverb
- 3. mit trennbaren Vorsilben (Präfixen)

Es **hat** das Ei auf seine Füße **gelegt**.
Das Männchen **will** das Weibchen beim Brüten **ablösen**.
Männchen und Weibchen **lösen** einander beim Brüten regelmäßig **ab**.

Sätze

Sätze bestehen aus Satzgliedern. Die Stellung des Verbs bestimmt die Satzart:

- 1. Aussagesatz = 2. Stelle
- 2. Fragesatz = Spitzenstellung (Entscheidungsfrage)
- 3. Fragesatz = 2. Stelle nach Fragewort (Ergänzungsfrage)
- 4. Aufforderungssatz = Spitzenstellung in der Aufforderungsform

Es **legt** das Ei auf seine Füße.
Legt das Weibchen das Ei auf seine Füße?
Wohin legt das Weibchen das Ei?
Lasst den Pinguinen ihren Lebensraum!

Kann die deutsche Sprache schnauben,
Schnarchen, poltern, donnern, krachen,
Kann sie doch auch spielen, scherzen,
Liebeln, güteln, kürmeln, lachen.

Friedrich von Logau (1605–1655)

6 Die Konjugation der Verben im Überblick

Von den meisten Verben gibt es bis zu **221 verschiedene Formen.** Das sollte niemanden erschrecken, denn wir benutzen die meisten Formen automatisch und manche schwierigen gebrauchen wir nur ganz selten. Außerdem hilft es, wenn man sich klarmacht, dass die Vielfalt gut geordnet ist.

Person und Numerus

… nennen die Person und sagen, wie viele es sind.

▶ Singular (Einzahl): drei Personalformen: *ich, du, er/sie/es*	3	ich schreibe, du schreibst, er/sie/es schreibt
▶ Plural (Mehrzahl): drei Personalformen: *wir, ihr, sie*	3 + 3 = 6	wir schreiben, ihr schreibt, sie schreiben

Tempora (Zeitformen)

… ordnen das Geschehen zeitlich ein (→ Seite 9).

▶ eine Gegenwartsform	***Präsens***		du schreibst
▶ drei Vergangenheitsformen	***Präteritum***		du schriebst
	Perfekt		du hast geschrieben
	Plusquamperfekt		du hattest geschrieben
▶ zwei Zukunftsformen	***Futur I***		du wirst schreiben
	Futur II	6 · 6 = 36	du wirst geschrieben haben

Aktiv und Passiv

… zeigen Sichtweisen des Geschehens an.

▶ Aktivform (Tatform): aus der Sicht des Handelnden		Du schreibst den Brief.
▶ Passivform (Leideform): aus der Sicht des Betroffenen	36 · 2 = 72	Der Brief wird (von dir) geschrieben.

Modus (Aussageform)

… gibt Einschätzungen des Geschehens als wirklich, möglich, nicht wirklich wieder.

▶ eine Wirklichkeitsform	Indikativ		du schreibst
▶ zwei Möglichkeitsformen oder Nicht-Wirklichkeitsformen	Konjunktiv I		du schreibest
	Konjunktiv II	72 · 3 = 216	du schriebest, du würdest schreiben
▶ zwei Aufforderungsformen	Imperativ	216 + 2 = 218	schreib! schreibt!

Dazu kommen noch:

▶ eine Grundform	Infinitiv		schreiben
▶ zwei Mittelwörter	Partizip Präsens		schreibend
	Partizip Perfekt	218 + 3 = **221**	geschrieben

7 Konjugation im Aktiv

	Tempus	Numerus	Person	starke Verben: Indikativ	starke Verben: Konjunktiv	schwache Verben: Indikativ	schwache Verben: Konjunktiv
Gegenwart	**Präsens** (Gegenwart)	Singular (Einzahl)	1. Person	ich fahre	ich fahre	ich höre	ich höre
			2. Person	du fährst	du fahrest	du hörst	du hörest
			3. Person	er/sie/es fährt	er/sie/es fahre	er/sie/es hört	er/sie/es höre
		Plural (Mehrzahl)	1. Person	wir fahren	wir fahren	wir hören	wir hören
			2. Person	ihr fahrt	ihr fahret	ihr hört	ihr höret
			3. Person	sie fahren	sie fahren	sie hören	sie hören
drei Zeiten der Vergangenheit	**Präteritum** (Vergangenheit)	Singular (Einzahl)	1. Person	ich fuhr	ich führe	ich hörte	ich hörte
			2. Person	du fuhrst	du führest	du hörtest	du hörtest
			3. Person	er/sie/es fuhr	er/sie/es führe	er/sie/es hörte	er/sie/es hörte
		Plural (Mehrzahl)	1. Person	wir fuhren	wir führen	wir hörten	wir hörten
			2. Person	ihr fuhrt	ihr führet	ihr hörtet	ihr hörtet
			3. Person	sie fuhren	sie führen	sie hörten	sie hörten
	Perfekt (vollendete Gegenwart)	Singular (Einzahl)	1. Person	ich bin gefahren	ich sei gefahren	ich habe gehört	ich habe gehört
			2. Person	du bist gefahren	du seist gefahren	du hast gehört	du habest gehört
			3. Person	er/sie/es ist gefahren	er/sie/es sei gefahren	er/sie/es hat gehört	er/sie/es habe gehört
		Plural (Mehrzahl)	1. Person	wir sind gefahren	wir seien gefahren	wir haben gehört	wir haben gehört
			2. Person	ihr seid gefahren	ihr seiet gefahren	ihr habt gehört	ihr habet gehört
			3. Person	sie sind gefahren	sie seien gefahren	sie haben gehört	sie haben gehört
	Plusquamperfekt (vollendete Vergangenheit)	Singular (Einzahl)	1. Person	ich war gefahren	ich wäre gefahren	ich hatte gehört	ich hätte gehört
			2. Person	du warst gefahren	du wärest gefahren	du hattest gehört	du hättest gehört
			3. Person	er/sie/es war gefahren	er/sie/es wäre gefahren	er/sie/es hatte gehört	er/sie/es hätte gehört
		Plural (Mehrzahl)	1. Person	wir waren gefahren	wir wären gefahren	wir hatten gehört	wir hätten gehört
			2. Person	ihr wart gefahren	ihr wär(e)t gefahren	ihr hattet gehört	ihr hättet gehört
			3. Person	sie waren gefahren	sie wären gefahren	sie hatten gehört	sie hätten gehört
zwei Zeiten der Zukunft	**Futur I** (Zukunft)	Singular (Einzahl)	1. Person	ich werde fahren	ich werde fahren	ich werde hören	ich werde hören
			2. Person	du wirst fahren	du werdest fahren	du wirst hören	du werdest hören
			3. Person	er/sie/es wird fahren	er/sie/es werde fahren	er/sie/es wird hören	er/sie/es werde hören
		Plural (Mehrzahl)	1. Person	wir werden fahren	wir werden fahren	wir werden hören	wir werden hören
			2. Person	ihr werdet fahren	ihr werdet fahren	ihr werdet hören	ihr werdet hören
			3. Person	sie werden fahren	sie werden fahren	sie werden hören	sie werden hören
	Futur II (vollendete Zukunft)	Singular (Einzahl)	1. Person	ich werde gefahren sein	ich werde gefahren sein	ich werde gehört haben	ich werde gehört haben
			2. Person	du wirst gefahren sein	du werdest gefahren sein	du wirst gehört haben	du werdest gehört haben
			3. Person	er/sie/es wird gefahren sein	er/sie/es werde gefahren sein	er/sie/es wird gehört haben	er/sie/es werde gehört haben
		Plural (Mehrzahl)	1. Person	wir werden gefahren sein	wir werden gefahren sein	wir werden gehört haben	wir werden gehört haben
			2. Person	ihr werdet gefahren sein	ihr werdet gefahren sein	ihr werdet gehört haben	ihr werdet gehört haben
			3. Person	sie werden gefahren sein	sie werden gefahren sein	sie werden gehört haben	sie werden gehört haben

8 Konjugation im Passiv

	Tempus	Numerus	Person	starke Verben		schwache Verben	
				Indikativ	Konjunktiv	Indikativ	Konjunktiv
Gegenwart	**Präsens** (Gegenwart)	Singular (Einzahl)	1. Person	ich werde gefahren	ich werde gefahren	ich werde gehört	ich werde gehört
			2. Person	du wirst gefahren	du werdest gefahren	du wirst gehört	du werdest gehört
			3. Person	er/sie/es wird gefahren	er/sie/es werde gefahren	er/sie/es wird gehört	er/sie/es werde gehört
		Plural (Mehrzahl)	1. Person	wir werden gefahren	wir werden gefahren	wir werden gehört	wir werden gehört
			2. Person	ihr werdet gefahren	ihr werdet gefahren	ihr werdet gehört	ihr werdet gehört
			3. Person	sie werden gefahren	sie werden gefahren	sie werden gehört	sie werden gehört
drei Zeiten der Vergangenheit	**Präteritum** (Vergangenheit)	Singular (Einzahl)	1. Person	ich wurde gefahren	ich würde gefahren	ich wurde gehört	ich würde gehört
			2. Person	du wurdest gefahren	du würdest gefahren	du wurdest gehört	du würdest gehört
			3. Person	er/sie/es wurde gefahren	er/sie/es würde gefahren	er/sie/es wurde gehört	er/sie/es würde gehört
		Plural (Mehrzahl)	1. Person	wir wurden gefahren	wir würden gefahren	wir wurden gehört	wir würden gehört
			2. Person	ihr wurdet gefahren	ihr würdet gefahren	ihr wurdet gehört	ihr würdet gehört
			3. Person	sie wurden gefahren	sie würden gefahren	sie wurden gehört	sie würden gehört
	Perfekt (vollendete Gegenwart)	Singular (Einzahl)	1. Person	ich bin gefahren worden	ich sei gefahren worden	ich bin gehört worden	ich sei gehört worden
			2. Person	du bist gefahren worden	du seist gefahren worden	du bist gehört worden	du seist gehört worden
			3. Person	er/sie/es ist gefahren worden	er/sie/es sei gefahren worden	er/sie/es ist gehört worden	er/sie/es sei gehört worden
		Plural (Mehrzahl)	1. Person	wir sind gefahren worden	wir seien gefahren worden	wir sind gehört worden	wir seien gehört worden
			2. Person	ihr seid gefahren worden	ihr seiet gefahren worden	ihr seid gehört worden	ihr seiet gehört worden
			3. Person	sie sind gefahren worden	sie seien gefahren worden	sie sind gehört worden	sie seien gehört worden
	Plusquamperfekt (vollendete Vergangenheit)	Singular (Einzahl)	1. Person	ich war gefahren worden	ich wäre gefahren worden	ich war gehört worden	ich wäre gehört worden
			2. Person	du warst gefahren worden	du wärest gefahren worden	du warst gehört worden	du wärest gehört worden
			3. Person	er/sie/es war gefahren worden	er/sie/es wäre gefahren worden	er/sie/es war gehört worden	er/sie/es wäre gehört worden
		Plural (Mehrzahl)	1. Person	wir waren gefahren worden	wir wären gefahren worden	wir waren gehört worden	wir wären gehört worden
			2. Person	ihr wart gefahren worden	ihr wär(e)t gefahren worden	ihr wart gehört worden	ihr wäret gehört worden
			3. Person	sie waren gefahren worden	sie wären gefahren worden	sie waren gehört worden	sie wären gehört worden
zwei Zeiten der Zukunft	**Futur I** (Zukunft)	Singular (Einzahl)	1. Person	ich werde gefahren werden	ich werde gefahren werden	ich werde gehört werden	ich werde gehört werden
			2. Person	du wirst gefahren werden	du werdest gefahren werden	du wirst gehört werden	du werdest gehört werden
			3. Person	er/sie/es wird gefahren werden	er/sie/es werde gefahren werden	er/sie/es wird gehört werden	er/sie/es werde gehört werden
		Plural (Mehrzahl)	1. Person	wir werden gefahren werden	wir werden gefahren werden	wir werden gehört werden	wir werden gehört werden
			2. Person	ihr werdet gefahren werden	ihr werdet gefahren werden	ihr werdet gehört werden	ihr werdet gehört werden
			3. Person	sie werden gefahren werden	sie werden gefahren werden	sie werden gehört werden	sie werden gehört werden
	Futur II (vollendete Zukunft)	Singular (Einzahl)	1. Person	ich werde gefahren worden sein	ich werde gefahren worden sein	ich werde gehört worden sein	ich werde gehört worden sein
			2. Person	du wirst gefahren worden sein	du werdest gefahren worden sein	du wirst gehört worden sein	du werdest gehört worden sein
			3. Person	er/sie/es wird gefahren worden sein	er/sie/es werde gefahren worden sein	er/sie/es wird gehört worden sein	er/sie/es werde gehört worden sein
		Plural (Mehrzahl)	1. Person	wir werden gefahren worden sein	wir werden gefahren worden sein	wir werden gehört worden sein	wir werden gehört worden sein
			2. Person	ihr werdet gefahren worden sein	ihr werdet gefahren worden sein	ihr werdet gehört worden sein	ihr werdet gehört worden sein
			3. Person	sie werden gefahren worden sein	sie werden gefahren worden sein	sie werden gehört worden sein	sie werden gehört worden sein

9 Tempus und Zeitverweis

- Tempora (Einzahl: das Tempus) nennt man die Zeitformen der Verben. Jedes Verb hat sechs verschiedene Zeitformen. Die deutschen Benennungen weisen darauf hin, welche Zeitstufen mit welchen Formen ausgedrückt werden können. Wie die Beispiele zeigen, kann man aber oft mit einem Tempus auch auf verschiedene Zeitformen verweisen.
- Eines gilt grundsätzlich: Der Augenblick, in dem jemand spricht oder schreibt, ist der Bezugspunkt für alles Geschriebene oder Gesprochene, den man das ***Jetzt*** nennen kann. Von diesem ***Jetzt*** aus legt der Sprecher/Schreiber eine zeitliche Perspektive fest und von diesem ***Jetzt*** aus ordnet der Hörer/Leser das Geschehen ein.

Plusquamperfekt

(vollendete Vergangenheit)

- Das ***Plusquamperfekt*** drückt die Vorvergangenheit aus.
- Es steht meistens bei *nachdem*, oft nach *als*.

Nachdem wir die Pflaumen ***geerntet hatten*** …

Nachdem ich zwei Eimer Pflaumen **gepflückt hatte**, brach das Gewitter los. Als es **abgezogen war**, lagen leider viele Pflaumen im nassen Gras.

Perfekt

(vollendete Gegenwart)

- Das ***Perfekt*** drückt ein Geschehen aus, das vergangen und abgeschlossen ist, das aber noch lebendig in Erinnerung ist.
- Häufig ist es beim mündlichen Erzählen. In süddeutschen Mundarten ist das die normale Tempusform der Vergangenheit.

… ***haben*** wir sie ***gewaschen.***

Weil der Sturz nur wenige der Pflaumen **beschädigt hat**, **haben** wir noch etliche der Früchte **eingesammelt** und nach Hause **gebracht**.

Anstelle des ***Futur II*** wird oft auch das Perfekt verwendet:
*Morgen **haben** wir sicher alle verwendbaren Früchte **eingesammelt**.*

Präteritum

(Vergangenheit)

- Das ***Präteritum*** (früher auch *Imperfekt* genannt) ist die Zeitform für schriftliches Geschichtenerzählen.

Dann ***mussten*** wir sie entsteinen.

Das Putzen und Entsteinen der Pflaumen **war** sehr anstrengend. Uns **taten** danach die Finger weh, aber das **vergaßen** wir schnell wieder, so **freuten** wir uns auf das Pflaumenmus. Es **musste** genauso schmecken wie bei Großmutter.

Präsens

(Gegenwart)

- ***Präsens*** der Gegenwart
- Futurisches Präsens
- Präsens der allgemeinen Geltung
- Stilpräsens der Vergangenheit

Jetzt *sind* sie im Topf und kochen.

Das Mus **riecht** schon so verlockend. Ich **esse** mindestens zwei Gläser davon. Pflaumenmus **ist** ja auch nicht lange haltbar, oder? Als gestern das Gewitter aufzog, musste alles sehr schnell gehen. Ich **denke** nur an mein Mus und **pflücke** schnell noch ein paar Pflaumen.

Futur I

(einfache Zukunft)

- Das ***Futur I*** verweist auf Zukünftiges.
- Mit dem Futur I kann man auch auf die Gegenwart verweisen. Man drückt dann eine Vermutung aus.

Danach ***werden*** wir die Marmelade in Gläser füllen.

Morgen Nachmittag **werden** wir dann auch noch Erdbeermarmelade **kochen**. Ich **werde** die Erdbeeren **pflücken**, während du schon einmal die Gläser heiß **ausspülen** und den Zucker **wiegen wirst**. Haben wir überhaupt genug Gläser? Ach, sie **werden** schon **ausreichen**.

Futur II

(vollendete Zukunft)

- Mit dem ***Futur II*** verweist man auf die Zukunft und sagt zugleich, dass das Geschehen zwischen dem Augenblick, wo man es sagt, und dem Zeitpunkt in der Zukunft abgeschlossen sein wird.

Nächsten Sommer ***werden*** wir sie ***aufgegessen haben.***

Am Wochenende **werden** wir dann aber alle Marmelade **gekocht haben**. Und als eiserne Reserve **werden** ein paar Gläser **beiseitegestellt worden sein.**

10 Die Konjugation der Hilfsverben

- Die Verben *werden*, *sein* und *haben* können als bedeutungstragendes Vollverb verwendet werden.
- Hauptsächlich benutzt man sie aber als Hilfsverben zur Bildung der zusammengesetzten Zeiten aller anderen Verben.
- Bei *werden* lautet das Partizip Perfekt des Vollverbs anders als das des Hilfsverbs.

Es wird Sommer. – Es ist Winter. – Ich habe Hunger.
Ich werde gehen. – Ich bin gekommen – Ich habe geschlafen.

Es ist kalt geworden. – Es ist gearbeitet worden.

Konjugationstabelle zum Hilfsverb *werden*

Indikativ	Konjunktiv
Präsens	***Konjunktiv I***
ich werde	ich werde
du wirst	du werdest
er/sie/es wird	er/sie/es werde
wir werden	wir werden* → wir würden
ihr werdet	ihr werdet* → ihr würdet
sie werden	sie werden* → sie würden
Präteritum	***Konjunktiv II***
ich wurde	ich würde
du wurdest	du würdest
er/sie/es wurde	er/sie/es würde
wir wurden	wir würden
ihr wurdet	ihr würdet
sie wurden	sie würden
Perfekt	***Konjunktiv I***
ich bin geworden	ich sei geworden
Plusquamperfekt	***Konjunktiv II***
ich war geworden	ich wäre geworden
Futur I	***Konjunktiv II***
ich werde werden	ich würde werden
Futur II	***Konjunktiv II***
ich werde geworden sein	ich würde geworden sein

Infinitiv Präsens	werden
Infinitiv Perfekt	(ge)worden sein
Partizip Präsens	werdend
Partizip Perfekt	(ge)worden
Imperativ Singular	werde!
Imperativ Plural	werdet!

Konjugationstabelle zum Hilfsverb *sein*

Indikativ	Konjunktiv
Präsens	***Konjunktiv I***
ich bin	ich sei
du bist	du seist
er/sie/es ist	er/sie/es sei
wir sind	wir seien
ihr seid	ihr seiet
sie sind	sie seien
Präteritum	***Konjunktiv II***
ich war	ich wäre
du warst	du wärest
er/sie/es war	er/sie/es wäre
wir waren	wir wären
ihr wart	ihr wäret
sie waren	sie wären
Perfekt	***Konjunktiv I***
ich bin gewesen	ich sei gewesen
Plusquamperfekt	***Konjunktiv II***
ich war gewesen	ich wäre gewesen
Futur I	***Konjunktiv II***
ich werde sein	ich würde sein
Futur II	***Konjunktiv II***
ich werde gewesen sein	ich würde gewesen sein

Infinitiv Präsens	sein
Infinitiv Perfekt	gewesen sein
Partizip Präsens	seiend
Partizip Perfekt	gewesen
Imperativ Singular	sei!
Imperativ Plural	seid!

Konjugationstabelle zum Hilfsverb *haben*

Indikativ	Konjunktiv
Präsens	***Konjunktiv I***
ich habe	ich habe* → ich hätte
du hast	du habest
er/sie/es hat	er/sie/es habe
wir haben	wir haben* → wir hätten
ihr habt	ihr habet
sie haben	sie haben* → sie hätten
Präteritum	***Konjunktiv II***
ich hatte	ich hätte
du hattest	du hättest
er/sie/es hatte	er/sie/es hätte
wir hatten	wir hätten
ihr hattet	ihr hättet
sie hatten	sie hätten
Perfekt	***Konjunktiv I***
ich habe gehabt	ich habe gehabt* → ich hätte gehabt
Plusquamperfekt	***Konjunktiv II***
ich hatte gehabt	ich hätte gehabt
Futur I	***Konjunktiv II***
ich werde haben	ich würde haben
Futur II	***Konjunktiv II***
ich werde gehabt haben	ich würde gehabt haben

Infinitiv Präsens	haben
Infinitiv Perfekt	gehabt haben
Partizip Präsens	habend
Partizip Perfekt	gehabt
Imperativ Singular	habe!
Imperativ Plural	habt!

* Wenn die Formen des Konjunktiv I und des Indikativ gleich sind, dann benutzt man die Formen des Konjunktiv II.

11 Aktiv und Passiv im Überblick

- Aktiv und Passiv geben dem Sprecher/Schreiber die Möglichkeit, unterschiedliche Sichtweisen des Geschehens darzustellen.
- Aktiv nennt man eine Verbform, bei der der Sprecher/Schreiber denjenigen in den Vordergrund stellt, der etwas tut: *Der **Pinguin** brütet das Ei aus.*
- Passiv nennt man eine Verbform, bei der der Sprecher/Schreiber denjenigen oder dasjenige in den Vordergrund rückt, der oder das durch eine Handlung betroffen ist: *Das **Ei** wird vom Pinguin ausgebrütet.*

Aktiv

- Verbformen im Aktiv erhält man im Präsens und Präteritum durch Anhängen von Personalendungen an den Verbstamm des Vollverbs bzw. die daran angefügte Flexionsendung **-t(e)**.
- Für die Bildung des Perfekts und des Plusquamperfekts benötigt man die Personalformen der Hilfsverben *haben* und *sein* im Präsens und Präteritum, die dann vom Partizip Perfekt des Vollverbs gefolgt werden; für die Bildung des Futurs I das Hilfsverb *werden*, auf das dann der Infinitiv des Vollverbs folgt. Im Futur II wird die Personalform des Hilfsverbs *werden* im Präsens vom Partizip Perfekt des Vollverbs und noch einmal dem Hilfsverb *werden*, diesmal im Infinitiv, gefolgt.

Der Pinguin **brütet** das Ei aus.	(***Präsens***)
Der Pinguin **brütete** das Ei aus.	(***Präteritum***)
Der Pinguin **hat** das Ei **ausgebrütet**.	(***Perfekt***)
Der Pinguin **hatte** das Ei **ausgebrütet**.	(***Plusquamperfekt***)
Der Pinguin **wird** das Ei **ausbrüten**.	(***Futur I***)
Der Pinguin **wird** das Ei **ausgebrütet haben**.	(***Futur II***)

Passiv

- Das Passiv ist die Verbform, die das Geschehen von der betroffenen Sache oder Person her schildert.
- Es wird gebildet aus einer Personalform des Hilfsverbs *werden* und dem Partizip Perfekt des Vollverbs.

Nicht alle Verben können die Passivform bilden, weil nicht alle Geschehnisse sich auf Personen oder Sachen beziehen: Aktiv: *Die Blumen wachsen.* → kein Passiv.

Manche dieser Verben bilden eine besondere Passivform, das **unpersönliche Passiv**:

Aktiv: *Die Kinder schlafen.* Mögliches Passiv: *Jetzt wird geschlafen! Es wird jetzt geschlafen!*

Es **wird** ausgebrütet.	(***Präsens***)
Es **wurde** ausgebrütet.	(***Präteritum***)
Es **ist** ausgebrütet **worden**.	(***Perfekt***)
Es **war** ausgebrütet **worden**.	(***Plusquamperfekt***)
Es **wird** ausgebrütet **werden**.	(***Futur I***)
Es **wird** ausgebrütet **worden sein**.	(***Futur II***)

täterabgewandter Vorgang

- Der Täter wird noch genannt (täterabgewandtes Passiv), die Handlung wird als Vorgang angesehen (Vorgangspassiv).

Das Ei wird vom Pinguin ausgebrütet.

täterloser Vorgang

- Der Täter wird nicht genannt (täterloses Passiv), die Handlung wird als Vorgang gesehen (Vorgangspassiv).
- Beim Passiv wird normalerweise nicht gesagt, wer etwas tut. Dass der Täter nicht genannt wird, kann verschiedene Gründe haben: Man kennt den Täter nicht; man will oder darf ihn nicht nennen; er spielt keine Rolle, er ist unwichtig im Vergleich zur Handlung und zur betroffenen Person oder Sache.

Das Ei wird ausgebrütet.

täterloser Zustand

- Der Täter wird nicht genannt (täterloses Passiv), die Handlung wird vom Ergebnis, vom erreichten Zustand aus betrachtet (Zustandspassiv).
- Im Perfekt und Plusquamperfekt kann das Hilfsverb *werden* weggelassen werden. Dann geht die Tempusform über in das Präsens bzw. Präteritum; das Passiv wird zum Zustandspassiv, das Partizip wird wie ein Adjektiv verstanden.

Das Ei ist ausgebrütet.

Das Ei ist/war ausgebrütet worden. (Vorgang)
Das Ei ist/war ausgebrütet. (Zustand)
Das Ei ist offen. (Adjektiv)

12 Die Modalität im Überblick

Mit Verben kann man in verschiedener Form Aussagen über die Art und Weise (Modalität) eines Geschehens machen: Man kann dazu auf deren Modusformen zurückgreifen, d. h. den Indikativ (Wirklichkeitsform), den Konjunktiv (Möglichkeitsform), den Irrealis (Nicht-Wirklichkeitsform), den Imperativ (Aufforderungsform), oder sich zusätzlicher Modalverben (*dürfen, können, mögen, müssen, sollen, wollen*) bedienen. Durch die Wahl der Verbformen gibt man immer auch eine Einschätzung des Geschehens an.

Indikativ

(Wirklichkeitsform)

- Einschätzung als wirklich, tatsächlich

Es **ist** so.
Ich **mache** mit.

Konjunktiv

(Möglichkeitsform)

- Einschätzung als wünschbar, denkbar, möglich, (noch) nicht wirklich

Es **wäre** schön,
wenn du **mitmachtest**.

Konjunktiv

(als Zitierform)

- Redewiedergabe, indirekte Rede

Sie haben gesagt, Badminton **sei** ein einfaches Spiel.

Irrealis

(Nicht-Wirklichkeitsform)

- Einschätzung als nicht wirklich, nicht möglich

Isabel **würde mitmachen**,
wenn sie hier **wäre.**

Imperativ

(Aufforderungsform, Befehlsform)

- Aufforderung oder Befehl, etwas (nicht) zu tun

Los, **fang an**!
Mach doch **mit**!
Komm schon!

Modalverben

- Verben, die ausdrücken, wie man zu einem Geschehen steht.

Ich **darf/kann/mag/möchte/muss/soll/will** mitmachen.

Isabel, drei Jahre alt, sitzt mit ihren Eltern
im Café und sieht ein Körbchen mit Brezeln.
„Ich würde gern eine Brezel haben."
Sagt der Vater zur Mutter:
„Hast du das gehört? Isabel gebraucht schon
den Konjunktiv!"
Isabel schüttelt den Kopf:
„Kein Konjunktiv – eine Brezel!"

Modalitäten

Aufgefordert bist du im Imperativ:
Im Indikativ sage, es ist und es war.
Sage auch, ich habe getan und ich werde tun.
Im Konjunktiv sage, man habe gesagt, dass es sei.
Sage auch, ich wünschte, es wäre.

13 Konjugation der Modalverben

Tempus (Zeit)	Modus (Aussageform)	Person	dürfen	können	mögen	müssen	sollen	wollen
Präsens (Gegenwart)	**Indikativ** (Wirklichkeitsform)	ich	darf	kann	mag	muss	soll	will
		du	darfst	kannst	magst	musst	sollst	willst
		er/sie/es	darf	kann	mag	muss	soll	will
		wir	dürfen	können	mögen	müssen	sollen	wollen
		ihr	dürft	könnt	mögt	müsst	sollt	wollt
		sie	dürfen	können	mögen	müssen	sollen	wollen
	Konjunktiv I (Möglichkeitsform)	ich	dürfe	könne	möge	müsse	solle	wolle
		du	dürfest	könnest	mögest	müssest	sollest	wollest
		er/sie/es	dürfe	könne	möge	müsse	solle	wolle
		wir	dürfen	können	mögen	müssen	sollen	wollen
		ihr	dürfet	könnet	möget	müsset	sollet	wollet
		sie	dürfen	können	mögen	müssen	sollen	wollen
Präteritum (Vergangenheitsform)	**Indikativ** (Wirklichkeitsform)	ich	durfte	konnte	mochte	musste	sollte	wollte
		du	durftest	konntest	mochtest	musstest	solltest	wolltest
		er/sie/es	durfte	konnte	mochte	musste	sollte	wollte
		wir	durften	konnten	mochten	mussten	sollten	wollten
		ihr	durftet	konntet	mochtet	musstet	solltet	wolltet
		sie	durften	konnten	mochten	mussten	sollten	wollten
	Konjunktiv II (Nicht-Wirklichkeitsform)	ich	dürfte	könnte	möchte	müsste	sollte	wollte
		du	dürftest	könntest	möchtest	müsstest	solltest	wolltest
		er/sie/es	dürfte	könnte	möchte	müsste	sollte	wollte
		wir	dürften	könnten	möchten	müssten	sollten	wollten
		ihr	dürftet	könntet	möchtet	müsstet	solltet	wolltet
		sie	dürften	könnten	möchten	müssten	sollten	wollten
Partizipien	Partizip I		dürfend	könnend	mögend	müssend	sollend	wollend
	Partizip II		gedurft	gekonnt	gemocht	gemusst	gesollt	gewollt

In der Tabelle sind nur die einfachen Verbformen aufgeführt, die mehrgliedrigen Formen werden mit *haben* (Perfekt, Plusquamperfekt) bzw. *werden* (Futur I und Futur II) gebildet.

Die alte Konjunktiv II-Form von *mögen* wird heute als eigenes Modalverb im Präsens verwendet, sie weicht in der Bedeutung etwas von *mögen* ab:

Er **mag** Schokolade. → Er isst **gern** Schokolade.

Er **möchte** Schokolade. → Er **will** Schokolade **haben**.

14 Direkte und indirekte Rede

Direkte (wörtliche) Rede

- Man erzählt oder berichtet wörtlich, was andere gesagt haben.
- Dabei nennt man diese Person als Sprecher und gibt ihre Rede wörtlich als direkte Rede wieder.

Simon und sein jüngerer Kollege Marc sitzen im Restaurant. Simon bestellt: „Herr Ober, wir möchten Fisch essen.“ Der Ober antwortet: „Sehr wohl, die Herren, zwei Portionen Fisch.“ Während sie bei einem Glas Bier warten, leckt sich Simon schon die Lippen. „Ach Marc, ich freue mich auf den leckeren Fisch.“

Nach einer Weile bringt der Ober den Fisch. „Tut mir leid“, sagt er, während er serviert, „es war nur noch ein großer und ein kleiner Fisch da.“ „Das macht nichts“, meint Marc, „stellen Sie sie hin.“ Dann wendet er sich an Simon: „Komm, Simon, nimm du zuerst!“

Simon denkt nicht daran: „Aber ich bitte dich, Marc, fang du an!“ Nun wird Marc ernst: „Aber Simon, ich werde doch nicht so unhöflich sein. Du freust dich doch so auf den Fisch. Nimm!“

Simon reicht es. „Also gut!“ Er nimmt den großen Fisch. Nun regt sich Marc aber auf: „Sag einmal, Simon, hast du denn gar kein Benehmen?“, ereifert er sich. „Nimmst zuerst den großen Fisch?“ Simon fragt erstaunt: „Welchen hättest du denn genommen?“ „Na, den kleinen“, wirft Marc ihm vor. „Dann schrei nicht so“, schmunzelt Simon, „du hast ihn ja!“

Indirekte Rede

- Man erzählt oder berichtet indirekt, was andere gesagt haben.
- Man lässt die Personen selbst nicht sprechen.
- Als Zeichen der indirekten Wiedergabe verwendet man den Konjunktiv, damit der Leser/Hörer merkt, dass nicht wörtlich zitiert wird.

Simon und sein jüngerer Kollege Marc sitzen im Restaurant. Simon sagt zum Ober, dass sie gern Fisch essen würden. Der Ober antwortet, dass er zwei Portionen Fisch notiert habe. Während sie bei einem Glas Bier warten, leckt sich Simon die Lippen und meint, dass er sich schon auf den leckeren Fisch freue.

Nach einer Weile bringt der Ober den Fisch und sagt, während er serviert, dass es ihm leid tue, es sei nur noch ein großer und ein kleiner Fisch da. Marc meint, dass das nichts mache und dass er sie hinstellen solle. Dann wendet er sich an Simon und fordert ihn auf, er solle zuerst nehmen.

Simon denkt nicht daran, sondern bittet Marc, er solle doch anfangen. Nun wird Marc ernst und meint, er wolle doch nicht so unhöflich sein. Gerade Simon freue sich doch so auf den Fisch.

Simon reicht es. Er nimmt den großen Fisch. Nun regt sich Marc aber auf und ereifert sich, ob Simon denn gar kein Benehmen habe. Wieso er zuerst den großen Fisch nehme? Simon fragt erstaunt, welchen Marc denn genommen hätte. Marc antwortet, dass er natürlich den kleinen genommen hätte. Simon schmunzelt, er solle nicht so schreien, er habe ihn ja.

15 Das Nomen im Überblick

Das Nomen/Substantiv (Namenwort, Dingwort, Hauptwort)

- Das Nomen/Substantiv (beide lateinischen Begriffe sind gebräuchlich) wird als einzige Wortart immer großgeschrieben. Das unterstreicht seine wichtige Rolle im Satz.
- Nomen werden unterschiedlich dekliniert (gebeugt) und können nach Genus (Geschlecht) und Numerus (Zahl) unterschieden werden. Es gibt starke und schwache Beugungen (wie bei Verben).

Nomen haben Begleiter

- bestimmte Artikel — **der** Mann, **die** Frau, **das** Kind
- unbestimmte Artikel — **ein** Mann, **eine** Frau, **ein** Kind
- andere Begleiter (wie Indefinit- oder Possessivpronomen) — **kein, mein, dein, sein, ...**

Nomen haben Stellvertreter

- Personalpronomen
- andere Stellvertreter (wie Demonstrativ- oder Indefinitpronomen)

der Mann – **er**, die Frau – **sie**, das Kind – **es**
zum Beispiel: **dieser, jener, welcher, wer, niemand, jemand, etwas, nichts, man, ...**

Das nominale Satzglied als

- Subjekt (Satzgegenstand) — **Das Kind** spielt im Garten.
- Objekt (Satzergänzung) — Das Kind singt **den Großeltern ein Lied** vor.
- adverbiale Bestimmung (Umstandsbestimmung) — Das Kind spielt **im Garten**.
- Attribut (Beifügung) — Das Kind spielt im Garten **der Großeltern.**

Genus von Nomen (grammatisches Geschlecht)

- Maskulinum (männlich) — **der** Mann, **der** Löffel
- Femininum (weiblich) — **die** Frau, **die** Gabel
- Neutrum (sächlich) — **das** Kind, **das** Messer

Numerus von Nomen (Zahl)

- Singular (Einzahl) — der **Mann**, die **Frau**, das **Kind**
- Plural (Mehrzahl) — die **Männer**, die **Frauen**, die **Kinder**

der – die – das?
Das Bauer ist ein Vogelhaus, *der Bauer* spannt die Rösslein aus.
Das Steuer ist ein Rad zum Drehen, *die Steuer* will's Finanzamt sehen.
Das Tor kann noch so offen sein, *der* dumme *Tor* geht nicht hinein.

Deklination der Nomen

	Kasus (Fall)		starke Deklination		schwache Deklination	
Singular	Nominativ	1. Fall	der Mann	das Kind	die Frau	der Mensch
	Genitiv	2. Fall	des Mannes	des Kindes	der Frau	des Menschen
	Dativ	3. Fall	dem Mann(e)	dem Kind(e)	der Frau	dem Menschen
	Akkusativ	4. Fall	den Mann	das Kind	die Frau	den Menschen
Plural	Nominativ	1. Fall	die Männer	die Kinder	die Frauen	die Menschen
	Genitiv	2. Fall	der Männer	der Kinder	der Frauen	der Menschen
	Dativ	3. Fall	den Männern	den Kindern	den Frauen	den Menschen
	Akkusativ	4. Fall	die Männer	die Kinder	die Frauen	die Menschen
			Besonderheiten: ▶ keine femininen Nomen, nur Maskulinum und Neutrum ▶ Endung *-(e)s* im Genitiv Singular		**Besonderheiten:** ▶ alle femininen Nomen, einzelne maskuline Formen, kein Neutrum ▶ Endung *-(e)n* in allen Pluralformen	

Einige Nomen/Substantive können stark oder schwach dekliniert werden:

der Ahn – des Ahnen/des Ahn(e)s
der Oberst – des Obersten/des Obersts
der Bauer – des Bauern/des Bauers
der Pfau – des Pfauen/des Pfaus
der Nachbar – des Nachbarn/des Nachbars
der Spatz – des Spatzen/des Spatzes

Bei einigen Nomen/Substantiven sind im Nominativ Singular zwei verschiedene Formen möglich.

Die gebräuchlichere ist markiert:

der Friede – der **Frieden**
der **Funke** – der Funken
der **Gedanke** – der Gedanken
der **Glaube** – der Glauben
der Haufe – der **Haufen**
der **Name** – der Namen
der Same – der **Samen**
der **Wille** – der Willen

16 Die Pronomen im Überblick

Personalpronomen (persönliches Fürwort)

- Es drückt den Blickwinkel aus, aus dem ein Text gesprochen oder geschrieben wird:
- *ich* ist immer der, der etwas sagt; *du* ist der Angesprochene; über *er, sie, es* wird gesprochen.

ich, du, er, sie, es; wir, ihr, sie, Sie

Possessivpronomen (besitzanzeigendes Fürwort)

- Es zeigt an, wem oder zu wem jemand oder etwas gehört.

mein, meines, meinem, meinen
dein, sein, ihr, sein
unser, euer, ihr, Ihr

Reflexivpronomen (rückbezügliches Fürwort)

- Es bezieht sich auf die genannte Person oder den genannten Gegenstand zurück.

Dativ: mir, dir, sich; uns, euch, sich
Akkusativ: mich, dich, sich; uns, euch, sich

Demonstrativpronomen (hinweisendes Fürwort)

- Es zeigt auf jemanden oder etwas, auf den oder das man besonders hinweisen will.
- Demonstrativpronomen verweisen häufig auf etwas in der Situation, in der man spricht oder liest.

der, die, das; die *(betont)*
dieser, diese, dieses; diese
jener, jene, jenes; jene
derjenige, diejenige, dasjenige; diejenigen
derselbe, dieselbe, dasselbe; dieselben
solcher, solche, solches, solch (ein); solche

Indefinitpronomen (unbestimmtes Fürwort)

- Es nennt jemanden oder etwas, den oder das man nicht genau nennen kann oder will; oft ist es eine unbestimmte Anzahl.
- Die tatsächliche Größe wird jeweils aus dem Zusammenhang klar: *Viele* einer Schulklasse von 30 sind 25, *viele* in einem Zirkuszelt mit 400 Zuschauern sind über 300, *viele* von 60 000 Zuschauern in einem Fußballstadion sind weit über 40 000.

alle, viele, wenige, jeder, jedermann, jemand, einzelne, irgendwelche, irgendwer, irgendwas, irgendein, manche, nichts, etwas, einige, ein paar, etliche, mehrere, sämtliche, kein, keiner, keine, keines

Interrogativpronomen (Fragefürwort)

- Es fragt nach etwas oder jemandem.
- **Achtung: Fragewörter wie *wann, wo, warum, wie* sind Frageadverbien, da sie anders als Pronomen nicht dekliniert werden können.**

wer, wessen, wem, wen, was
welcher, welche, welches; welche

Relativpronomen (Bezugsfürwort)

- Es zeigt, an welches Wort ein Relativsatz angeschlossen ist: *Der Baum, dessen Blätter abgefallen sind.* Näheres zum Gebrauch → Seite 18.

der, dessen, dem, den
die, deren, der, die
das, dessen, dem, das
die, deren, denen, die

17 Die Deklination der Pronomen im Überblick

Personalpronomen (persönliches Fürwort)

Numerus (Zahl)	Person	Genus (Geschlecht)	Nominativ (1. Fall)	Genitiv (2. Fall)	Dativ (3. Fall)	Akkusativ (4. Fall)
Singular (Einzahl)	1. Person		ich	meiner	mir	mich
	2. Person		du	deiner	dir	dich
	3. Person	männlich	er	seiner	ihm	ihn
		weiblich	sie	ihrer	ihr	sie
		sächlich	es	seiner	ihm	es
Plural (Mehrzahl)	1. Person		wir	unser	uns	uns
	2. Person		ihr	euer	euch	euch
	3. Person		sie	ihrer	ihnen	sie

Possessivpronomen (besitzanzeigendes Fürwort)

- Das Genus (Geschlecht) des Possessivpronomens richtet sich nach dem Genus des Nomens, bei dem es steht: ***mein*** *Ball,* ***meine*** *Puppe,* ***mein*** *Auto.*

Numerus (Zahl)	Person	Kasus (Fall)	Singular (Einzahl) Maskulinum	Femininum	Neutrum	Plural (Mehrzahl) alle Geschlechter
Singular	1. Person	Nominativ	mein	meine	mein	meine
		Genitiv	meines	meiner	meines	meiner
		Dativ	meinem	meiner	meinem	meiner
		Akkusativ	meinen	meine	mein	meine
	2. Person	Nominativ	dein	deine	dein	deine
		Genitiv	deines	deiner	deines	deiner
		Dativ	deinem	deiner	deinem	deinen
		Akkusativ	deinen	deine	dein	deine
	3. Person	Nominativ	sein, ihr	seine, ihre	sein, ihr	seine, ihre
		Genitiv	seines, ihres	seiner, ihrer	seines, ihres	seiner, ihrer
		Dativ	seinem, ihrem	seiner, ihrer	seinem, ihrem	seinen, ihren
		Akkusativ	seinen, ihren	seine, ihre	sein, ihr	seine, ihre
Plural (Mehrzahl)	1. Person	Nominativ	unser	uns(e)re	unser	uns(e)re
		Genitiv	uns(e)res	uns(e)rer	uns(e)res	uns(e)rer
		Dativ	uns(e)rem	uns(e)rer	uns(e)rem	uns(e)ren
		Akkusativ	uns(e)ren	uns(e)re	unser	uns(e)re
	2. Person	Nominativ	euer	eu(e)re	euer	eu(e)re
		Genitiv	eu(e)res	eu(e)rer	eu(e)res	eu(e)rer
		Dativ	eu(e)rem	eu(e)rer	eu(e)rem	eu(e)ren
		Akkusativ	eu(e)ren	eu(e)re	euer	eu(e)re
	3. Person	Nominativ	ihr	ihre	ihr	ihre
		Genitiv	ihres	ihrer	ihres	ihrer
		Dativ	ihrem	ihrer	ihrem	ihren
		Akkusativ	ihren	ihre	ihr	ihre

Reflexivpronomen (rückbezügliches Fürwort)

- Das Reflexivpronomen *sich* wird nicht dekliniert (gebeugt).
- Für die 1. und 2. Person gibt es Ersatzformen, die den Formen der Personalpronomen entsprechen.

Numerus (Zahl)	Person	Dativ (3. Fall)	Akkusativ (4. Fall)
Singular (Einzahl)	1. Person	mir	mich
	2. Person	dir	dich
	3. Person	sich	sich
Plural (Mehrzahl)	1. Person	uns	uns
	2. Person	euch	euch
	3. Person	sich	sich

Demonstrativpronomen (hinweisendes Fürwort)

- Die Demonstrativpronomen *dieser, diese, dieses* und *jener, jene, jenes* werden **wie Adjektive** dekliniert.

Interrogativpronomen (Fragefürwort)

- Die Interrogativpronomen *welcher, welche, welches* werden **wie Adjektive** dekliniert.

Nominativ 1. Fall	Genitiv 2. Fall	Dativ 3. Fall	Akkusativ 4. Fall
Wer? Was?	Wessen?	Wem?	Wen? Was?

18 Relativpronomen und Relativsätze

Die Deklination (Beugung) richtet sich beim Relativpronomen (Bezugsfürwort) nach zweierlei:

- Genus (grammatisches Geschlecht) und Numerus (Zahl) richten sich nach den Bezugsnomen.
- Der Kasus (Fall) richtet sich nach der Funktion (Satzgliedrolle) des Relativpronomens im Relativsatz.

Genus und Numerus des Bezugsnomens	Beispielsatz	Funktion im Gliedsatz (Satzglied)	Kasus
Maskulinum, Singular	**Fabian**, ***der*** Katzen mag, versorgt auch Isabels Hund.	**Subjekt: *der*** (Satzgegenstand)	Nominativ (1. Fall)
Femininum, Singular	**Isabel**, ***die*** Hunde lieber mag, sorgt auch für Fabians Katze.	**Subjekt: *die*** (Satzgegenstand)	Nominativ (1. Fall)
Neutrum, Singular	**Das Kätzchen**, ***das*** gern herumtollt, mag den Hund als Spielgefährten.	**Subjekt: *das*** (Satzgegenstand)	Nominativ (1. Fall)
Maskulinum, Singular	**Fabian**, ***dessen*** Katze gern herumtollt, mag Hunde auch.	**Genitivattribut: *dessen*** (Beifügung im 2. Fall)	Genitiv (2. Fall)
Femininum, Singular	**Isabel**, ***deren*** Hund das Kätzchen gutmütig beschnuppert, mag Katzen auch.	**Genitivattribut: *deren*** (Beifügung im 2. Fall)	Genitiv (2. Fall)
Neutrum, Singular	**Das Kätzchen**, ***dessen*** Spieltrieb manchmal nicht zu bremsen ist, mag den Hund als Spielgefährten.	**Genitivattribut: *dessen*** (Beifügung im 2. Fall)	Genitiv (2. Fall)
Maskulinum, Singular	**Fabian**, ***dem*** Katzen lieb sind, mag auch Hunde.	**Dativobjekt: *dem*** Satzergänzung im 3. Fall	Dativ (3. Fall)
Femininum, Singular	**Isabel**, ***der*** auch das Kätzchen Spaß macht, mag Hunde lieber.	**Dativobjekt: *der*** Satzergänzung im 3. Fall	Dativ (3. Fall)
Neutrum, Singular	**Das Kätzchen**, ***dem*** Fabian das Futter bringt, mag den Hund als Spielgefährten.	**Dativobjekt: *dem*** Satzergänzung im 3. Fall	Dativ (3. Fall)
Maskulinum, Singular	**Fabian**, ***den*** so schnell nichts aufregt, ärgert der Hund.	**Akkusativobjekt: *den*** Satzergänzung im 4. Fall	Akkusativ (4. Fall)
Femininum, Singular	**Isabel**, ***die*** so schnell nichts aufregt, ärgert die Katze.	**Akkusativobjekt: *die*** Satzergänzung im 4. Fall	Akkusativ (4. Fall)
Neutrum, Singular	**Das Kätzchen**, ***das*** der Hund gutmütig toleriert, ist manchmal nicht zu bremsen.	**Akkusativobjekt: *das*** Satzergänzung im 4. Fall	Akkusativ (4. Fall)
Maskulinum, Singular	**Fabian**, ***mit dem*** die Tiere gern spielen, mag Katzen lieber.	**Präpositionales Objekt: *mit dem*** Satzergänzung mit Verhältniswort	Dativ (3. Fall)
Femininum, Singular	**Isabel**, ***für die*** Fabian gern den Hund hütet, mag Hunde lieber.	**Präpositionales Objekt: *für die*** Satzergänzung mit Verhältniswort	Akkusativ (4. Fall)
Neutrum, Singular	**Das Kätzchen**, ***wegen dem*** der Hund sich manchmal in die Ecke trollt, mag den Hund als Spielgefährten.	**Präpositionales Objekt: *wegen dem*** Satzergänzung mit Verhältniswort	Dativ (3. Fall)

Das Adjektiv im Überblick

Das Adjektiv gibt Eigenschaften und Bewertungen an

- von Lebewesen, Sachen, Gedanken (beim Nomen/Substantiv)
  - als vorangestelltes, **gebeugtes** Attribut
  - im Prädikat mit *ist* **ungebeugt**
- von Vorgängen (beim Verb) wie ein Adverb **ungebeugt**

die **rote** Ampel, der **vorsichtige** Fahrer
Die Ampel ***ist rot***. Der Fahrer ***ist vorsichtig***.
Die Ampel leuchtet ***rot***. Der Fahrer fährt ***vorsichtig***.

Die Komparation von Adjektiven (Steigerung)

Positiv →	**Komparativ** →	**Superlativ**
Grundstufe	Steigerungsstufe	Höchststufe

groß →	größer →	größte, am größten
fröhlich →	fröhlicher →	fröhlichste, am fröhlichsten

klein →	kleiner →	kleinste, am kleinsten
traurig →	trauriger →	traurigste, am traurigsten

Vergleiche mit Adjektiven

- Die Eigenschaften und Bewertungen, die das Adjektiv angibt, kann man vergleichen. Oft gibt es Gegenwörter.
- Beim Vergleich gibt es manchmal Probleme, ob man *als* oder *wie* benutzen soll; das trifft insbesondere für einige Gegenden Deutschlands zu, in denen *als* in der Mundart kaum vorkommt. Zum Teil hat man mundartlich und umgangssprachlich eine besonders einfache Lösung gefunden, man sagt *als wie*: *Du bist auch nicht klüger als wie ich!*
- Beim Vergleich mit dem **Komparativ**, bei dem **Ungleichheit** festgestellt wird, benutzt man **als**.
- Beim Vergleich mit dem **Positiv**, bei dem **Gleichheit** festgestellt oder durch **nicht** direkt verneint wird, benutzt man **so … wie**.

Isabel ist pünktlicher **als** Fabian. Fabian ist älter **als** Isabel.

Isabel ist **nicht so** alt **wie** Fabian.
Fabian ist heute ausnahmsweise **so** pünktlich **wie** Isabel.

Das Adjektiv heißt auch:
Eigenschaftswort oder Wiewort

Die Partizipien der Verben können wie Adjektive gebraucht werden.
Partizip Präsens: die **kochende** Suppe
Partizip Perfekt: die **gekochte** Suppe

Wichtige Endungen beim Adjektiv
Mit Hilfe dieser Endungen kann man Adjektive erkennen und man kann mit ihnen Adjektive aus Nomen oder Verben ableiten.

-bar: wunderbar, denkbar
-haft: nahrhaft, fabelhaft
-lich: glücklich, mütterlich
-al: formal, kolossal
-en: seiden, wollen
-ig: glasig, riesig
-sam: ratsam, biegsam
-ell: formell, generell
-ern: gläsern, hölzern
-isch: herrisch, tierisch
-abel: blamabel, respektabel
-iv: aktiv, massiv

Ist das nicht seltsam?
Eine ältere Dame ist jünger als eine alte Dame.
Und eine bessere Note ist schlechter als eine gute Note.

20 Die Deklination des Adjektivs im Überblick

Schwache Deklination (Beugung)

- In der schwachen Deklination werden dieselben Endungen verwendet wie bei der schwachen Deklination des Nomens: in den meisten Fällen ist die Endung **-en**.
- Die schwache Deklination steht nach dem bestimmten Artikel.

Numerus (Zahl)	Kasus (Fall)	Maskulinum (männlich)	Femininum (weiblich)	Neutrum (sächlich)
Singular (Einzahl)	Nominativ (1. Fall)	der bunte Strauß	die rote Rose	das weiße Veilchen
	Genitiv (2. Fall)	des bunten Straußes	der roten Rose	des weißen Veilchens
	Dativ (3. Fall)	dem bunten Strauß	der roten Rose	dem weißen Veilchen
	Akkusativ (4. Fall)	den bunten Strauß	die rote Rose	das weiße Veilchen
Plural (Mehrzahl)	Nominativ (1. Fall)	die bunten Sträuße	die roten Rosen	die weißen Veilchen
	Genitiv (2. Fall)	der bunten Sträuße	der roten Rosen	der weißen Veilchen
	Dativ (3. Fall)	den bunten Sträußen	den roten Rosen	den weißen Veilchen
	Akkusativ (4. Fall)	die bunten Sträuße	die roten Rosen	die weißen Veilchen

Starke Deklination (Beugung)

- Die starke Deklination wird verwendet, wenn kein Artikel vorausgeht.
- Hier übernimmt das Adjektiv die Aufgabe, die richtige Endung für den Kasus vor das Nomen zu stellen:
  *d**er** bunte Strauß – bunte**r** Strauß,*
  *d**as** weiße Veilchen – weiße**s** Veilchen*

Numerus (Zahl)	Kasus (Fall)	Maskulinum (männlich)	Femininum (weiblich)	Neutrum (sächlich)
Singular (Einzahl)	Nominativ (1. Fall)	bunter Strauß	rote Rose	weißes Veilchen
	Genitiv (2. Fall)	bunten Straußes	roter Rose	weißen Veilchens
	Dativ (3. Fall)	buntem Strauß	roter Rose	weißem Veilchen
	Akkusativ (4. Fall)	bunten Strauß	rote Rose	weißes Veilchen
Plural (Mehrzahl)	Nominativ (1. Fall)	bunte Sträuße	rote Rosen	weiße Veilchen
	Genitiv (2. Fall)	bunter Sträuße	roter Rosen	weißer Veilchen
	Dativ (3. Fall)	bunten Sträußen	roten Rosen	weißen Veilchen
	Akkusativ (4. Fall)	bunte Sträuße	rote Rosen	weiße Veilchen

Gemischte Deklination (Beugung)

- Wenn der unbestimmte Artikel *ein* vorangeht,
- wenn *kein* vorangeht
- und wenn die Possessivpronomen *mein, dein, sein, ihr, unser, euer, ihr* vorangehen, gibt es eine Mischung aus starken und schwachen Formen, die gemischte Deklination.
- Beim unbestimmten Artikel gibt es hier keine Pluralformen.

Numerus (Zahl)	Kasus (Fall)	Maskulinum (männlich)	Femininum (weiblich)	Neutrum (sächlich)
Singular (Einzahl)	Nominativ (1. Fall)	ein bunter Strauß	eine rote Rose	ein weißes Veilchen
	Genitiv (2. Fall)	eines bunten Straußes	einer roten Rose	eines weißen Veilchens
	Dativ (3. Fall)	einem bunten Strauß	einer roten Rose	einem weißen Veilchen
	Akkusativ (4. Fall)	einen bunten Strauß	eine rote Rose	ein weißes Veilchen
Plural (Mehrzahl)	Nominativ (1. Fall)	deine bunten Sträuße	ihre roten Rosen	keine weißen Veilchen
	Genitiv (2. Fall)	deiner bunten Sträuße	ihrer roten Rosen	keiner weißen Veilchen
	Dativ (3. Fall)	deinen bunten Sträußen	ihren roten Rosen	keinen weißen Veilchen
	Akkusativ (4. Fall)	deine bunten Sträuße	ihre roten Rosen	keine weißen Veilchen

Wer *kleinlich* ist, ist der auch *klein*?
Wer *reinlich* ist, ist der auch *rein*?
Ist eine *Dame* etwa *dämlich*?
Wir protestieren sehr vernehmlich.
Wer *großartig* redet, ist der etwa *groß*?
Bedeutet *löslich* auch schon *los*?
Eisig und *eisern* sind nicht gleich.
Glasig und *gläsern* sind nicht weich.
Wer *reichlich* hat, der ist auch *reich*!

21 Das Adverb im Überblick

Adverbien (Umstandswörter)

- Adverbien drücken Umstände des Geschehens aus. Sie werden nicht dekliniert (gebeugt).
- Es gibt zwei Endungen, mit denen man Adverbien aus Nomen oder Adjektiven ableiten kann: **-s** und **-weise**.
- Achtung: Das Adverb ist eine Wortart, die man nicht mit dem Satzglied „adverbiale Bestimmung" verwechseln darf.
- Adverbien können vielfältige Bedeutungen ausdrücken und haben verschiedene Aufgaben im Satz.
- Nicht immer stehen sie beim Verb, wie die wörtliche Übersetzung von „Adverb" (zum Verb gehörig) vermuten ließe.

morgen**s**, abend**s**, mittwoch**s**, abseit**s**,
glücklicher**weise**, dummer**weise**, …

Wann ist heute?

Gestern war gestern.
Heute ist heute.
Morgen wird morgen sein.

War gestern gestern?
Ist heute heute?
Wird morgen morgen sein?

Gestern war heute morgen.
Morgen wird heute gestern sein.
Morgen wird morgen heute sein.

War gestern heute morgen?
Wird morgen heute gestern sein?
Wird morgen morgen heute sein?

Gestern war gestern!
Morgen wird morgen sein!
Heute ist heute!

Bedeutungsleistung der Adverbien

- Zeitpunkt und Dauer: **temporal**
  Frageadverbien: *Wann? Wie lange?*

- Ort, Raum, Richtung: **lokal**, **direktional**
  Frageadverbien: *Wo? Wohin? Woher? Worüber?*

- Art und Weise: **modal**
  Frageadverbien: *Wie? Womit? Wodurch?*

- Ursache, Grund, Folge, Zweck, Bedingung:
  kausal Frageadverbien: *Warum? Weshalb? Wozu? Wieso? Weswegen? Wofür? Wodurch?*

temporale Adverbien:
jetzt, sofort, gleich, neulich, vorhin, noch, demnächst, bald, da, dann, damals, unlängst, morgens, mittags, abends, nachts, tagsüber, lange, zeitlebens, immer, stets, oft, oftmals

lokale/direktionale Adverbien:
hier, dort, oben, unten, außen, draußen, drinnen, innen, da, daheim, vorn, hinten, rechts, links, daher, dahin, vorwärts, rückwärts, seitwärts, heimwärts, aufwärts, abwärts, bergauf, bergab, drum herum, kopfüber, kopfunter, drüber, drunter

modale Adverbien:
anders, gern, sehr, vergebens, hiermit, so, gar, sogar, umsonst, fast, nur, kaum, vielleicht, nicht, sicherlich, leider, hoffentlich, etwa, zweifellos, zweifelsohne, noch, unversehens, oft, einmal, nochmal, erstmals, mehrmals, wieder, halt, auch, möglicherweise

kausale Adverbien:
da, darum, daher, folglich, deshalb, deswegen, trotzdem, dennoch, somit, also, denn, dadurch, infolgedessen, nichtsdestotrotz, dazu, dafür

Gebrauch der Adverbien

- Adverbien bestimmen vom Prädikat ausgedrückte Handlung näher.
- Adverbien bestimmen Adjektive und wie Adjektive gebrauchte Partizipien näher.
- Interrogativadverbien dienen als Fragewörter.
- Sie leiten auch Gliedsätze ein.
- Adverbien verbinden Hauptsätze, ähnlich wie die Konjunktionen (Bindewörter).
- Fast alle Adjektive können wie Adverbien verwendet werden.
- Sie können sowohl dekliniert attributiv, als auch undekliniert adverbial verwendet werden.

Der Weg führt **links** den Berg hinauf, dort steht **rechts** ein Haus.
sehr groß, **so** weit, **recht** vielversprechend, **gern** gehört
Wann? Wo? Wohin? Warum? Wieso? Weshalb?
Sie fragte, **wann** er kommen wollte.
Er fuhr langsam den Berg hinauf, **dann** bog er in die Eichenstraße ein.
Das hat mir **gut** gefallen.
Es gibt **flinke** Tintenfische und **flink** schwimmende Fische.

22 Adverbialsätze – Konjunktionalsätze

- Adverbialsätze werden gewöhnlich durch Konjunktionen (Bindewörter) eingeleitet; deshalb nennt man sie auch Konjunktionalsätze.
- Weil diese Konjunktionen Gliedsätze/Nebensätze einleiten und einem Hauptsatz unterordnen, nennt man sie auch subordinierende (unterordnende) Konjunktionen.
- Durch die Wahl der Konjunktion erhalten die Adverbialsätze eine bestimmte Bedeutung.

Temporalsatz Zeit betreffend	als, bevor, ehe, nachdem, seitdem, bis, sobald, während, wenn, solange … wie, sooft … wie	***Als*** **der Zug durch den Tunnel fuhr**, gingen die Lichter an.
Kausalsatz Grund angebend	weil, da, zumal	***Weil*** **der Zug durch den Tunnel fuhr**, gingen die Lichter an.
Konditionalsatz Bedingung angebend	wenn, falls, sofern, soweit	***Wenn*** **Züge durch den Tunnel fahren**, gehen die Lichter an.
Konzessivsatz einräumend	obwohl, obgleich, obschon, obzwar, wenngleich, wenn auch, wiewohl, ungeachtet	***Obwohl*** **der Zug durch den Tunnel fuhr**, gingen die Lichter nicht an.
Konsekutivsatz Folge betreffend	sodass, als dass, dass	Im Tunnel gingen die Lichter an, ***sodass*** **das Abteil hell erleuchtet war**.
Finalsatz Zweck betreffend	damit, dass, auf dass	Im Tunnel gehen die Lichter an, ***damit*** **sich die Reisenden orientieren können**.
Modalsatz Art und Weise, Mittel angebend	indem, ohne dass, anstatt dass, insofern, insoweit, soviel, sofern, soweit, wie, als, als ob, als wenn, wie wenn, dadurch … dass, je … desto	Der Schaffner sorgt für bessere Beleuchtung, ***indem*** **er das Licht anknipst**.
Adversativsatz Gegensatz ausdrückend	anstatt dass, als dass, ehe, während	***Anstatt dass*** **er sich am Kartenspiel beteiligte**, machte er ein Nickerchen.
Komparativsatz Vergleich angebend	wie	***Wie*** **wir das immer tun**, haben wir auch diesmal Proviant mitgenommen.

Konjunktionenpotpourri

Ob es jemals dazu kommt,
obwohl man nie genau weiß,
wenn man es sich überlegt,
weil man Zweifel bekommen könnte,
ehe man damit anfängt,
während man eigentlich anderes tun sollte,
nachdem es bisher gut gegangen ist,
was man schon immer geahnt hatte.

Was man schon immer geahnt hatte,
nachdem es bisher gut gegangen ist,
während man eigentlich anderes tun sollte,
ehe man damit anfängt,
weil man Zweifel bekommen könnte,
wenn man es sich überlegt,
obwohl man nie genau weiß,
ob es jemals dazu kommt.

23 Die Präpositionen im Überblick

- Die Präpositionen – auch Fügewörter oder Verhältniswörter genannt – sind wichtige Bausteine im Satz.
- Diese drei Bezeichnungen betonen die wichtigsten Leistungen dieser Wortart bei der Einfügung von Nomen und Pronomen in den Satz aus.

Präposition

- „Präposition" bedeutet wörtlich „Wort davor". In Texten stehen Präpositionen meistens vor dem Nomen und seinen Begleitern oder vor einem Pronomen.
- Manche Präpositionen können auch nachgestellt sein.
- Einige zweiteilige Präpositionen stehen um das Nomen oder Pronomen herum.

in den Garten, **in** das Haus, **auf** der Treppe, **am** Fenster

den Weg **entlang**, den Berg **hinauf**
um des lieben Friedens **willen**

Wenn Ländernamen mit Artikel gebräuchlich sind (die Niederlande, die Vereinigten Staaten, die Schweiz) sagt man „ich fahre **in** ...“; ansonsten sagt man „Ich fahre **nach**...“

Fügewort

- Der deutsche Name „Fügewort" drückt aus, dass Präpositionen Nomen und ihre Begleiter (das nominale Satzglied) oder ein Pronomen in den Satz einfügen.
- Die Präpositionen bestimmen (regieren) den Kasus des nachfolgenden Satzgliedes.
- Bei manchen Präpositionen wird durch den Folgekasus die Bedeutung festgelegt.

Im großen Garten **hinter** dem Haus
bauten sie eine Hütte **für** ihren Hund (**für** ihn).
bei WEM? – **bei mir** (Dativ); für WEN? – **für dich** (Akkusativ)
WO? – **unter dem** Tisch (Dativ); WOHIN? – **unter den** Tisch (Akkusativ)

Verhältniswort

- Der deutsche Name „Verhältniswort" drückt aus, dass Präpositionen verschiedene Bedeutungsverhältnisse anzeigen: Ort und Richtung; Zeitpunkt und Zeitdauer; Art und Weise; Begleitumstände oder Grund; Ursache, Zweck

Ort und Richtung: in dem Haus, **unter** dem Tisch, **in** das Haus, **unter** den Tisch
Zeitpunkt und Zeitdauer: um fünf Uhr, **am** Montag, **in** zwei Tagen, **nach** vier Wochen
Art und Weise: mit Gefühl, **ohne** Mühe, **bei** dieser Ausgangslage
Grund: wegen des Wetters, **aus** diesem Anlass, **mit** guten Gründen, **trotz** der Bedenken

Präpositionen beim Verb

- Auch beim Verb spielen die Präpositionen eine wichtige Rolle, weil sie als – meistens abtrennbare – Präfixe (Vorsilben) hinzutreten können.

abfahren, anfahren, auffahren, ausfahren, durchfahren, einfahren, herfahren, hereinfahren, hinfahren, hinauffahren, hinausfahren, mitfahren, nachfahren, überfahren, vorfahren, vorausfahren, vorbeifahren, wegfahren, zurückfahren
abführen, anführen, aufführen, ausführen, durchführen, einführen, herausführen, herbeiführen, hereinführen, hinführen, hinausführen, hineinführen, mitführen, überführen, unterführen, vorführen, vorausführen, vorbeiführen, wegführen, zuführen, zurückführen

Präpositionen mit dem Dativ
Frage: Wem?
mit, nach, nächst, nebst, samt, bei, seit, von, zu, zuwider, entgegen, gegenüber, außer, aus; dank, binnen, entsprechend, gemäß, laut, exklusive, inklusive, qua, vis-à-vis

Präpositionen mit Dativ oder Akkusativ
Frage: Wo? (Dativ)
oder **Wohin? (Akkusativ)**
an, auf, hinter, neben, in, über, unter, vor, zwischen

Präpositionen mit dem Akkusativ
Frage: Wen?
- durch, für, ohne, um, sondern, gegen, wider;
- bis und außer nach Verben der Bewegung (außer allen Zweifel setzen),
- à, per, pro

Präpositionen mit dem Genitiv
Frage: Wessen?
abseits, anlässlich, anstatt, anstelle, aufgrund, außerhalb, diesseits, infolge, inmitten, innerhalb, jenseits, kraft, mittels, ob, oberhalb, seitens, statt, um ... willen, ungeachtet, unterhalb, unweit, vermittels, vermöge, von ... wegen, während, zeit, zugunsten

24 Präposition und Folgekasus

Akkusativ (4. Fall) ← Frage: wohin? ← **Präposition** → Frage: wo? → Dativ (3. Fall)

Er lehnt das Fahrrad **an die** Mauer.

wohin? ← **an** → wo?

Das Fahrrad lehnt **an der** Mauer.

Sie stellt den Kuchen **auf den** Tisch.

wohin? ← **auf** → wo?

Der Kuchen steht **auf dem** Tisch.

Die Katze kriecht **hinter das** Sofa.

wohin? ← **hinter** → wo?

Die Katze sitzt **hinter dem** Sofa.

Die Pinguine springen **in das** Wasser.

wohin? ← **in** → wo?

Die Pinguine schwimmen **in dem** Wasser.

Er legt den Stift **neben das** Buch.

wohin? ← **neben** → wo?

Der Stift liegt **neben dem** Buch.

Sie hängt das Bild **über das** Sofa.

wohin? ← **über** → wo?

Das Bild hängt **über dem** Sofa.

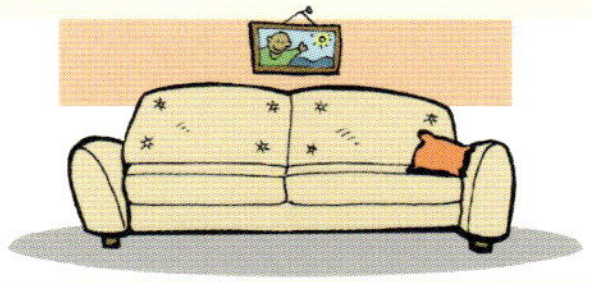

Der Hund springt **unter den** Tisch.

wohin? ← **unter** → wo?

Der Hund liegt **unter dem** Tisch.

Sie setzt sich **vor den** Fernseher.

wohin? ← **vor** → wo?

Sie sitzt **vor dem** Fernseher.

Das Auto fährt **zwischen den** Bus und **den** LKW.

wohin? ← **zwischen** → wo?

Das Auto steht **zwischen dem** Bus und **dem** LKW.

25 Redeabsichten – Satzarten

- Für die verschiedenen Redeabsichten stellt die Sprache drei Satzarten und drei Satzschlusszeichen zur Verfügung.
- Die Satzarten sind durch die Verbstellung und/oder die Satzzeichen eindeutig gekennzeichnet.
- Beim Sprechen tritt jedoch die Satzmelodie dazu, wodurch vielfältige Variationen möglich werden.

Satzart	Verbstellung	Fragewort	Satzzeichen
Aussagesatz	2. Stelle	nein	Punkt
Aufforderungssatz	1. Stelle	nein	Ausrufezeichen
Fragesatz			
– Entscheidungsfrage	1. Stelle	nein	Fragezeichen
– Ergänzungsfrage	2. Stelle	ja	Fragezeichen

Aussage	Satzart	Satzzeichen	Redeabsicht
Achtung an Gleis 3, der IC Ludwig Uhland aus Stuttgart nach Hamburg über Essen fährt gleich ein.	Aussagesatz	Punkt	mitteilen
Bitte von der Bahnsteigkante zurücktreten!	Aufforderungssatz	Ausrufezeichen	bitten, auffordern
Grüß Walter und seinen Hund!	Aufforderungssatz	Ausrufezeichen	auffordern
Rufst du gleich an?	Fragesatz	Fragezeichen	fragen, auch auffordern
Der Zug nach Amsterdam ist schon weg?	Aussagesatz	Fragezeichen	fragen
Ja, da fährt er gerade.	Aussagesatz	Punkt	mitteilen
Nehmen Sie den Zug nach Hannover und steigen Sie in Duisburg um!	Aufforderungssatz	Ausrufezeichen	auffordern, auch mitteilen
Wo fährt der?	Fragesatz	Fragezeichen	fragen
Der fährt hier auf Gleis 2.	Aussagesatz	Punkt	mitteilen
Der Koffer ist sehr schwer.	Aussagesatz	Punkt	auffordern, auch mitteilen
Kann mir jemand helfen?	Fragesatz	Fragezeichen	auffordern
Wann fährt der Zug nach Regensburg?	Fragesatz	Fragezeichen	fragen
Da müssen Sie sich beeilen!	Aussagesatz	Ausrufezeichen	auffordern, auch mitteilen
Laufen Sie schnell dort durch die Unterführung!	Aufforderungssatz	Ausrufezeichen	auffordern

26 Satzglieder und Gliedsätze im Überblick: Subjekt, Prädikat und Prädikativ

Subjekt (Satzgegenstand)

- drückt aus: wer oder was etwas ist, etwas tut, geschieht; ist somit Handelnder, Geschehnisträger.
- besteht aus: Nomen oder Pronomen. Beim Nomen steht meist der Artikel, oft ein oder mehrere Attribute.
- Hilfsfrage: *Wer handelt? Was ist?*
- als Subjekt verwendete Nomen oder Pronomen ersetzbar durch sogenannten Subjektsatz, häufig durch *dass* eingeleitet, aber auch mit *wer, was, welcher*.
- Stellung: Häufig am Satzanfang, sonst meist direkt hinter dem gebeugten Verb des Prädikats. Es können jedoch andere kurze Satzglieder eingeschoben werden.
- Besonderheit: Steht immer im Nominativ (1. Fall).

Der Pinguin will jetzt schwimmen.
Er freut sich auf das Wasser.
Heute ist **das Wasser** besonders kalt.
Wie immer wird ihn **sein dichtes Gefieder** vor Nässe und Kälte schützen.

Dass Pinguine gern schwimmen, ist bekannt.
Wer Pinguine beobachtet, hat bestimmt viel Spaß.

Prädikat (Satzaussage)

- drückt aus: was es ist, das geschieht, getan wird, stattfindet; ist somit eine Aussage über das Subjekt.
- besteht aus: Verb in einer flektierten (gebeugten) Form (=Personalform). Bei reflexiven Verben gehört *sich* dazu.
- Hilfsfrage: *Was tut (jemand/etwas)? Was geschieht?*
- Stellung:
  - Im Aussagesatz steht die Personalform als 2. Satzglied; bei zusammengesetzten Zeiten, Verben mit trennbarem Präfix (Vorsilbe) und bei Verwendung von Modalverben entsteht eine Prädikatsklammer (Verbklammer).
  - Im Aufforderungssatz steht die Personalform an 1. Stelle.
  - Im Fragesatz (Entscheidungsfrage) steht die Personalform an 1. Stelle.
  - Im Fragesatz (W-Frage) steht die Personalform an 2. Stelle hinter dem Fragewort.
  - In Gliedsätzen/Nebensätzen steht die Personalform meist am Ende.
- Besonderheit: Das Prädikat ist im Satz nicht ersetzbar.

Der Pinguin **will** jetzt **schwimmen**.
Er **freut sich** auf das Wasser.
Heute **ist** das Wasser besonders kalt.
Wie immer **wird** ihn sein dichtes Gefieder vor Nässe und Kälte **schützen**.

Der Pinguin **springt** ins Wasser.
Der Pinguin **ist** ins Wasser **gesprungen**.
Spring ins Wasser, Pinguin!
Springst du endlich?
Wer **springt** ins Wasser?
Ich glaube, dass er jetzt **schwimmen will**.

Prädikativ (auch: Prädikatsnomen)

- drückt aus: etwas wird etwas, bleibt etwas, ist etwas.
- besteht aus: Ergänzung zu den Verben *sein, werden, bleiben*
  - als Gleichsetzungsnominativ
  - als prädikatives Adjektiv:
  - als Adverb
  - als Prädikativsatz
- Stellung: nach Subjekt und Prädikat
- Besonderheit: Dieses Satzmuster wird auch **ist-Prädikation** genannt.

Das Wasser ist **Salzwasser**.
Das Wetter wird heute **schön**.
Wir bleiben **hier**.
Es ist, **wie es ist**. Die Frage war, **was man aus dieser Erkenntnis macht**.

27 Satzglieder und Gliedsätze im Überblick: Objekt

Akkusativobjekt (Satzergänzung im 4. Fall)

- drückt aus: wen oder was eine Handlung oder ein Geschehen in direkter Weise betrifft.
- besteht aus: Nomen oder Pronomen. Beim Nomen steht meist der Artikel, oft ein oder mehrere Attribute.
- Hilfsfrage: *Wen? Was?*
- ebenfalls als Akkusativobjekt verwendbar:
  - Objektsatz, meist mit *dass* eingeleitet;
  - oder durch satzwertigen Infinitiv mit *zu*.
  - In einem besonderen Fall ist auch die Ersetzung durch einen indirekten Fragesatz möglich.
- Stellung: je nach Bezug und Bedeutung oder Betonung im Satz entweder am Satzanfang, am Satzende oder beim Verb
- Besonderheit: Einige Verben erfordern ein zweites Akkusativobjekt, den Gleichsetzungsakkusativ.

Der Pinguin frisst am liebsten **die kleinen, frischen Fische**.
Er fischt **sie** aus dem Wasser.

Wir verabreden **einen Zoobesuch**.
Wir verabreden, **dass wir den Zoo besuchen**.
Wir verabreden, **den Zoo zu besuchen**.
Ich weiß **das** nicht. – Ich weiß nicht, **ob ich mitkommen kann**.

Wir nennen **den Pinguin einen Watschelkellner.**

Dativobjekt (Satzergänzung im 3. Fall)

- drückt aus: wem etwas gilt, gleicht, zugedacht ist.
- besteht aus: Nomen oder Pronomen. Beim Nomen steht meist der Artikel, oft ein oder mehrere Attribute.
- Hilfsfrage: *Wem?*
- Stellung: je nach Bezug und Bedeutung oder Betonung im Satz entweder am Satzanfang, am Satzende oder beim Verb
- Besonderheit: Manche Adjektive fordern als Ergänzung ein Dativobjekt: *ähnlich wem?*

Pinguine sehen **kleinen Kellnern** ähnlich.
Manchen fehlt nur das Tablett zum Servieren.

Genitivobjekt (Satzergänzung im 2. Fall)

- Besonderheit: Nur noch bei wenigen Verben üblich; wird häufig durch ein Präpositionalobjekt ersetzt.

Sie erinnerten sich **der lustigen Pinguine**.
Sie erinnerten sich **an die lustigen Pinguine**.

Präpositionalobjekt (Satzergänzung mit Verhältniswort)

- drückt aus: für, durch, auf, neben usw. wem, wen oder was etwas getan wird.
- besteht aus: Präposition und Nomen oder Pronomen. Beim Nomen steht meist der Artikel, oft ein oder mehrere Attribute.
- Hilfsfrage: Enthält jeweils die Präposition: *Vor was? Unter wem? Auf wen?*
- Stellung: je nach Bezug und Bedeutung oder Betonung im Satz entweder am Satzanfang, am Satzende oder beim Verb
- ersetzbar durch: Gliedsatz, eingeleitet durch *darüber, dass …; dafür, dass* … usw.
- Besonderheit:
  - Manche Adjektive fordern bestimmte Ergänzungen: *ängstlich wovor? besorgt um wen oder was?*
  - Die Übergänge zwischen Präpositionalobjekt und adverbialer Ergänzung sind fließend.

Die Pinguine fürchten sich nicht **vor kaltem Wasser**.
Es gibt **unter ihnen** selten Streit.
Wir freuen uns **auf die Pinguine** und **auf den Zoobesuch**.

Wir freuen uns **über die Pinguine**. –
Wir freuen uns **darüber, dass wir die Pinguine sehen.**

28 Satzglieder und Gliedsätze im Überblick: Attribut und adverbiale Bestimmung

Attribut (Beifügung)

- drückt aus: nähere Bestimmung eines Nomens/Substantivs oder Pronomens; das Attribut ist dabei gleichzeitig Satzglied und doch in das nominale Sotzglied eingebettet. Deshalb sind Attribute Satzglieder 2. Ordnung.
- besteht aus: viele Erscheinungsformen; häufig vorangestellte (ein oder mehrere) Adjektive, ebenfalls nachgestellte Nomen im Genitiv mit Artikel
- Hilfsfrage: *Wie ist es? Was für ein ... ist es?*
- ebenfalls als Attribut verwendbar:
  - Attributsatz, der gewöhnlich ein durch ein Relativpronomen eingeleiteter Relativsatz ist.
  - Parenthese, ein nachgeschobener Hauptsatz, der meist durch Gedankenstriche eingerahmt ist.
- Stellung: vor oder nach dem Bezugswort
- Besonderheit: Zwei Formen werden in Grammatiken immer besonders hervorgehoben:
  - Apposition (Beistellung im gleichen Fall)
  - Genitivattribut (Beifügung mit verschiedenen Bedeutungsleistungen)

Der **lustige** Pinguin springt in das **kalte** Wasser **des Beckens**.

Wir staunen über den **pfeilschnellen** Pinguin. → Wir staunen über den Pinguin, **der pfeilschnell durch das Wasser saust**.
Antarktische Pinguine sind hervorragende Schwimmer. → Pinguine – **sie stammen aus der Antarktis** – sind hervorragende Schwimmer.

der Pinguin, **ein Vogel der Antarktis**, ...
ein Vogel **der Antarktis**; **Fabians** Pinguin

Adverbiale Bestimmung (Umstandsbestimmung)

- drückt aus: Umstände des Geschehens: Ort, Zeit, Art und Weise, Grund.
- besteht aus: viele unterschiedliche Erscheinungsformen
- Hilfsfrage:
  - *Wo? Wohin?* – adverbiale Bestimmung des Ortes
  - *Wann? Wie lange?* – adverbiale Bestimmung der Zeit
  - *Wie?* – adverbiale Bestimmung der Art und Weise
  - *Warum?* – adverbiale Bestimmung des Grundes
- Stellung: je nach Bezug und Bedeutung oder Betonung im Satz entweder am Satzanfang, am Satzende oder beim Verb
- ebenfalls als adverbielle Bestimmung verwendbar:
  - Adverbialsatz, eingeleitet durch Konjunktionen (*weil, wenn, als, ...*) und deshalb auch Konjunktionalsatz genannt.
  - satzwertiger Infinitiv, eingeleitet durch *um zu, ohne zu, anstatt zu, ...*
  - satzwertiges Partizip
  - nicht eingeleitete Sätze, die immer vor dem Hauptsatz stehen und an deren Stelle auch ein *wenn*-Satz stehen könnte.
- Besonderheit:
  - Normalerweise sind adverbiale Bestimmungen freie, nicht notwendige Erweiterungen des Satzes.
  - Manche Verben und Adjektive fordern aber zwingend Angaben zu Raum, Zeit oder Grund. Diese notwendigen adverbialen Ergänzungen werden in manchen Grammatiken auch Raumergänzung, Zeitergänzung oder Begründungsergänzung genannt.

Seit einer halben Stunde halten wir uns vergnügt **im Pinguinhaus neben dem Seehundbecken** auf.

Wegen der Fütterung um 14 Uhr beeilen wir uns, zum Zoo zu kommen.
→ **Weil die Fütterung um 14 Uhr beginnt**, beeilen wir uns, dorthin zu kommen.
Wegen der Löwenfütterung gehen wir dann schnell zum Löwenhaus.
→ **Um die Löwenfütterung nicht zu verpassen**, gehen wir dann schnell zum Löwenhaus.
Mit lautem Fauchen und Brüllen machen sich die Löwen über das Fleisch her.
→ **Laut fauchend und brüllend** machen sich die Löwen über das Fleisch her.
Bei mehr Beeilung wären wir nicht zu spät gekommen.
Hätten wir uns mehr beeilt, wären wir nicht zu spät gekommen.
→ **Wenn wir uns mehr beeilt hätten**, wären wir nicht zu spät gekommen.

Er ist wohnhaft **in Köln**.
Es dauerte **eine Stunde**.

29 Das Satzgefüge im Überblick

- Satzgefüge bestehen aus einem Hauptsatz und einem oder mehreren Gliedsätzen/Nebensätzen.
- Diese stehen an der Stelle von Satzgliedern, worauf die Bezeichnung „Gliedsatz" besonders hinweist.
- Gliedsätze/Nebensätze erkennt man am Einleitewort und daran, dass das gebeugte Verb fast immer am Ende steht, während es im Hauptsatz an zweiter Stelle steht.
- Hauptsatz und Gliedsatz werden durch ein Komma getrennt. Eingeschobene Gliedsätze werden vorne und hinten durch Kommas eingeschlossen.
- Genauso wie Gliedsätze werden im Satzgefüge Infinitivsätze und Partizipialsätze behandelt; ein Komma kann stehen, muss aber nicht (→ Seite 32).

Er kam zu spät,
weil der Wagen nicht **ansprang**.

* Vorsicht bei Partizipialsätzen!
Falsch ist: „Außer Atem an der Haltestelle angekommen, fuhr der Bus davon."
Denn: Wie kann der Bus außer Atem sein?
Der Partizipialsatz braucht ein Subjekt im übergeordneten Satz!
Auch nicht gut ist: „Außer Atem an der Haltestelle angekommen, fuhr ihm der Bus davon."
Richtig ist: „Außer Atem an der Haltestelle angekommen, sah er den Bus davonfahren."

Subordinierende Konjunktionen (unterordnende Bindewörter)

- Subordinierende Konjunktionen leiten einen Nebensatz ein und stellen ebenso die Verbindung zum Hauptsatz her. Sie können auch aus zwei Wörtern bestehen.
- Subordinierende Konjunktionen lassen sich in verschiedene Gruppen einteilen:
  – solche, die nur den Nebensatz einleiten (*dass, ob …*),
  – solche, die zusätzlich eine inhaltliche Beziehung zum Hauptsatz zeigen
    • temporal (Zeit): *während, als nachdem, seitdem, bis …*
    • modal (Art und Weise): *als, wie, als ob, insofern …*
    • kausal (Grund/Ursache): *weil, da zumal …*

Er bemerkte, **dass** er bereits spät dran war.

Er war trotzdem nicht nervös, **während** er in das Auto stieg.
Der Motor hörte sich an, **als ob** er kaputt sei.
Weil der Wagen nicht lief, kam er zu spät.

Satzgefüge aus einem Hauptsatz und einem Gliedsatz/Nebensatz

Gliedsatz/Nebensatz vorangestellt	**Gliedsatz,** Hauptsatz. **Infinitivsatz,** Hauptsatz. **Partizipialsatz,** Hauptsatz.	**Weil der Wagen nicht ansprang,** kam er zu spät. **Um keine Parkplatzprobleme zu bekommen,** nahm er den Bus. **Außer Atem an der Haltestelle angekommen,** sprang er in den Bus.* (siehe oben)
Gliedsatz/Nebensatz nachgestellt	Haupsatz**, Gliedsatz**. Hauptsatz**, Infinitivsatz**. Hauptsatz**, Partizipialsatz**.	Er kam zu spät, **weil der Wagen nicht ansprang**. Er nahm den Bus, **um keine Parkplatzprobleme zu bekommen**. Er sprang in den Bus, **außer Atem an der Haltestelle angekommen**.* (siehe oben)
Gliedsatz/Nebensatz eingeschoben	Haupt-…**, Gliedsatz,** …-satz. Haupt-…**, Infinitivsatz,** …-satz. Haupt-…**, Partizipialsatz,** …-satz	Er kam**, weil der Wagen nicht ansprang,** zu spät. Er nahm**, um keine Parkplatzprobleme zu bekommen,** den Bus. Er sprang**, außer Atem an der Haltestelle angekommen,** in den Bus.* (siehe oben)

Satzgefüge aus einem Hauptsatz und mehreren Gliedsätzen

Gliedsätze/Nebensätze unabhängig	**Gliedsatz,** Hauptsatz**, Gliedsatz**.	**Obwohl er das Haus pünktlich verließ**, kam er zu spät, **weil der Wagen nicht ansprang**.
Gliedsätze/Nebensätze aneinandergereiht	**Gliedsatz** und **Gliedatz,** Hauptsatz.	**Weil der Wagen nicht ansprang und weil er den Bus verpasste**, kam er zu spät.
Gliedsätze/Nebensätze von Gliedsätzen abhängig	Hauptsatz**, Gliedsatz,** ← **Gliedsatz,** ← **Gliedsatz**.	Er nahm den Bus, **der in die Stadt fuhr**, **wo er mit Lena einkaufen wollte, die im Café auf ihn wartete**.

30 Die Satzreihe im Überblick

- Sätze lassen sich nicht nur aus einem übergeordneten Hauptsatz und einem oder mehreren Nebensätzen zu einem sogenannten Satzgefüge zusammensetzen. Man kann auch aus zwei oder mehreren gleichwertigen Hauptsätzen eine sogenannte Satzreihe bilden.
- Die Teile einer Satzreihe werden durch ein Komma getrennt, außer wenn sie durch *und* oder *oder* verbunden sind. Will man stärker untergliedern, nimmt man das Semikolon; es trennt stärker als das Komma, aber weniger stark als ein Punkt.
- Aneinandergereihte Sätze können durch Konjunktionen (Bindewörter) oder Adverbien (Umstandswörter) verbunden werden.

Zwischen Hauptsätzen steht ein Komma, wenn sie nicht durch *und* oder *oder* verbunden werden.

Mark fährt mit dem Bus**,** …
Lena wartet im Café**;** sie isst dort ein Eis.

Zeichensetzung bei Aufzählungen

Kommas werden gesetzt bei der Aufzählung von:

- Wörtern
- Satzgliedern
- Teilsätzen
- ganzen Sätzen

Mark**,** Lena**,** Hund und Katze**,** alle waren vergnügt.
Mark versorgte zwei Hunde**,** mehrere Katzen und fünf Kanarienvögel.
Mark ging mit dem Hund spazieren**,** gab der Katze Milch und brachte Lena Bücher mit.
Mark ging mit dem Hund spazieren und Lena gab der Katze Milch.

Koordinierende Konjunktionen (gleich-/nebenordnende Bindewörter)

- Koordinierende Konjunktionen stellen eine besondere inhaltliche Beziehung zwischen den Sätzen her.
- Anders als bei der Verknüpfung von Hauptsätzen durch Adverbien ändert sich der Satzbau im durch Konjunktionen angereihten Hauptsatz nicht. (s.u.)
- *und, oder,* … „verbinden" zwei Sätze; ein Komma muss nicht stehen, man darf es aber setzen.
- *denn, aber,* … „trennen" zwei Sätze; deshalb steht ein Komma.
- Koordinierende Konjunktionen bestehen nicht selten aus zwei Wörtern.
- Sie müssen nicht nebeneinander stehen, sondern können auch eine Klammer bilden.
- Koordinierende Konjunktionen sind
  - kausal (Grund, Ursache): *denn*
  - adversativ (Gegenteil): *aber, sondern, allein, doch, jedoch*
  - kopulativ (Verbindung, Reihung): *und, wie, sowie, sowohl … als auch, weder … noch, das heißt, beziehungsweise*
  - modal (Begleitumstände): *aber, also, nur*
  - alternativ (mehrere Möglichkeiten): *oder, entweder … oder, beziehungsweise*

Heute Nachmittag werden wir erst fernsehen(,) **und** dann werden wir die neue CD anhören.
Heute Nachmittag werden wir fernsehen(,) **oder** wir werden die neue CD anhören.
Wir wollen nicht fernsehen**, denn** wir wollen die neue CD anhören.
Wir wollen nicht fernsehen**, sondern** wir wollen die neue CD anhören.
Wir wollen nicht fernsehen**, hingegen** wollen wir die neue CD anhören.
Erst wollten wir fernsehen**, aber** dann haben wir lieber die neue CD angehört.
Wir **haben** weder ferngesehen**, noch** haben wir die neue CD angehört**, denn** wir sind bei dem schönen Wetter lieber schwimmen gefahren.
Wir wollten eigentlich fernsehen**, aber** dann haben wir lieber die neue CD angehört.
Entweder sehen wir heute Nachmittag fern(,) **oder** wir hören die neue CD an.

Achtung! Vor „sondern" steht immer ein Komma, auch wenn kein vollständiger Satz folgt.
Wir haben nicht ferngesehen**, sondern** die neue CD angehört.

Adverbien (Umstandswörter)

- Adverbien stellen eine besondere inhaltliche Beziehung zwischen den Sätzen her.
- Sie nehmen die erste Satzgliedstelle im zweiten Satz ein und verdrängen das Subjekt oder ein anderes Satzglied.

Der Fernseher war an, **da** lief die Katze in die Küche, **gleichzeitig** telefonierte Lena; **währenddessen** suchte Lena ein Buch, **außerdem** kam der Hund zur Tür herein, **sofort** jagte die Katze aus der Küche.
Er setzte sich auf das Sofa, **dann** wollte er fernsehen.

31 Satzgefüge und Satzreihe im Überblick: Satzgefüge und Satzreihe im Text

Da überlegten die Tiere, wie sie es anfangen müssten, um die Räuber hinauszujagen, **und sie fanden endlich ein Mittel**.	**Satzreihe mit Satzgefüge: Hauptsatz**, Gliedsatz, Infinitivsatz, **Hauptsatz**.
Der Esel musste sich mit den Vorderfüßen auf das Fensterbrett stellen, der Hund musste auf den Rücken des Esels springen, die Katze musste auf den Hund klettern(,) und endlich flog der Hahn hinauf(,) und er setzte sich der Katze auf den Kopf.	**Satzreihe: Hauptsatz**, **Hauptsatz**, **Hauptsatz**(,) *und* **Hauptsatz**(,) *und* **Hauptsatz**.
Als das geschehen war, **fingen sie auf ein Zeichen an**, ihre Musik zu machen.	**Satzgefüge:** Gliedsatz, **Hauptsatz**, Infinitivsatz.
Der Esel schrie, der Hund bellte, die Katze miaute und der Hahn krähte; dann stürzten sie durch das Fenster in die Stube hinein, dass die Scheiben klirrten.	**Satzreihe mit Satzgefüge: Hauptsatz**, **Hauptsatz**, **Hauptsatz** *und* **Hauptsatz**, *dass* Gliedsatz.
Die Räuber sprangen bei dem entsetzlichen Geschrei auf, es erschien ihnen nicht anders, als dass ein Gespenst hereinkäme, **und so flohen sie in größter Furcht in den Wald hinein.**	**Satzreihe mit Satzgefüge: Hauptsatz**, **Hauptsatz**, *als dass* Gliedsatz, **Hauptsatz**.
Nun setzten sich die vier Kameraden an den Tisch; sie waren mit dem zufrieden, was übrig geblieben war, **und sie aßen**, als ob sie vier Wochen hungern müssten.	**Satzreihe mit Satzgefüge: Hauptsatz**, **Hauptsatz**, *was* Gliedsatz, *und* **Hauptsatz**, *als wenn* Gliedsatz.
Als die vier Musikanten fertig waren, **löschten sie das Licht und suchten sich eine Schlafstätte**.	**Satzgefüge:** *Als*-Gliedsatz, **Hauptsatz**.
Der Esel legte sich auf den Mist, der Hund legte sich hinter die Tür, die Katze sprang auf den Herd zu der warmen Asche(,) und der Hahn setzte sich auf einen Balken im Dachstuhl.	**Satzreihe: Hauptsatz**, **Hauptsatz**, **Hauptsatz**(,) *und* **Hauptsatz**.
Und weil sie müde waren von ihrem langen Weg, **schliefen sie bald ein**.	**Satzgefüge:** *Und weil* Gliedsatz, **Hauptsatz**.
Als Mitternacht vorbei war und die Räuber von Weitem sahen, dass kein Licht mehr im Hause brannte und dass auch alles ruhig schien, **sprach der Hauptmann: „Wir hätten uns doch nicht Angst machen lassen sollen!", und er ließ einen Räuber hineingehen ins Haus und nachsehen**.	**Satzreihe mit Satzgefüge** *Als* Gliedsatz, *dass* Gliedsatz *und dass* Gliedsatz, **Hauptsatz**: „**Hauptsatz**!", *und* **Hauptsatz**.
Der Ausgesandte fand alles still vor und ging in die Küche(,) ein Licht anzuzünden, und weil er die leuchtenden Augen der Katze für glühende Kohlen hielt, **hielt er ein Streichholz daran**, dass es Feuer fangen sollte.	**Satzreihe mit Satzgefüge** **Hauptsatz**(,) Infinitivsatz, *und weil* Gliedsatz, **Hauptsatz**, *dass* Gliedsatz.
Aber die Katze verstand keinen Spaß, sprang ihm ins Gesicht, spie und kratzte.	**Satzreihe: Hauptsatz**. (Aufzählung von Satzteilen)
Da erschrak er gewaltig, er lief und wollte zur Hintertüre hinaus, aber der Hund, der da lag, **sprang auf und biss ihn ins Bein**; und als er über den Hof an dem Mist vorbeirannte, **gab ihm der Esel noch einen tüchtigen Schlag mit dem Hinterfuß**; **der Hahn aber**, der vom Lärmen aus dem Schlaf geweckt und munter geworden war, **rief vom Balken herab**: „Kikeriki!"	**Satzreihe mit Satzgefüge** **Hauptsatz**, **Hauptsatz**, **Haupt-**, *der* Gliedsatz, **-Satz**; *und als* Gliedsatz, **Hauptsatz**, **Haupt-**, *der* Gliedsatz, **-Satz**: „Ausruf!"
Da lief der Räuber, was er konnte, **zu seinem Hauptmann zurück und sprach: „Ach, in dem Haus sitzt eine greuliche Hexe**, die hat mich angehaucht und mit ihren langen Fingern mir das Gesicht zerkratzt; **und vor der Tür steht ein Mann mit einem Messer**, der hat mich ins Bein gestochen; **und auf dem Hof liegt ein schwarzes Ungetüm**, das hat mit einer Holzkeule auf mich losgeschlagen; **und oben auf dem Dach da sitzt der Richter**, der rief: ‚**Bringt mir den Gauner her**!'	**Satzreihe mit Satzgefüge: Haupt-**, *was* Gliedsatz, **-Satz**: „**Hauptsatz**, *die* Gliedsatz; *und* **Hauptsatz**, *der* Gliedsatz; *und* **Hauptsatz**, *das* Gliedsatz, *und* **Hauptsatz**, *der* Gliedsatz: ‚**Hauptsatz**!'
Da machte ich, dass ich fortkam."	**Satzgefüge: Hauptsatz**, *dass* Gliedsatz.
Von nun an trauten sich die Räuber nicht weiter in das Haus, den vier Bremer Stadtmusikanten gefiel's aber so gut darin, dass sie nicht wieder heraus wollten.	**Satzreihe mit Satzgefüge: Hauptsatz**, **Hauptsatz**, *dass* Gliedsatz.
Und der das zuletzt erzählt hat, **dem ist der Mund noch warm**.	**Satzgefüge:** *Und* Gliedsatz, **Hauptsatz**.

32 Die wichtigsten Kommaregeln im Überblick

- Die neuen Kommaregeln haben das Komma beim erweiterten Infinitiv weitgehend verbindlich gemacht. Die Beispiele in der Tabelle zeigen zuerst die einfachere Regel, dann die häufigsten Ausnahmen.
- Wenn von Einleitewörtern gesprochen wird, die einen Gliedsatz/Nebensatz im Satzgefüge oder einen Hauptsatz in der Satzreihe einleiten, dann handelt es sich grammatisch entweder um Konjunktionen (Bindewörter) oder um Adverbien (Umstandswörter). Für die Zeichensetzung ist jedoch ihre einleitende Funktion wichtig.

Satzreihen aus vollständigen Hauptsätzen ...

- werden durch ein Komma getrennt:
  - *Lena liebt Katzen*, *Mark mag Hunde lieber.*
- werden durch ein Komma getrennt, auch wenn sie durch ein einschränkendes oder entgegengesetztes Einleitungswort verbunden sind:
  - *Lena liebt Katzen*, ***aber*** *Mark mag Hunde lieber. Lena liebt Katzen*, ***(je)doch*** *mag sie auch Hunde. Lena mag keine Kaninchen*, ***sondern*** *sie liebt Katzen.*
- Aber: Sind sie durch die anreihenden Konjunktionen „und" oder „oder" verbunden, kann ein Komma stehen, muss aber nicht:
  - *Lena liebt Katzen(,) und Mark mag Hunde. Lena streichelt Katzen(,) oder sie krault sie vorsichtig.*

Satzgefüge aus Hauptsatz und Gliedsatz/Nebensatz ...

- werden durch ein Komma abgetrennt.
  - *Lena weiß*, ***dass*** *Mark Hunde lieber mag.*
  - ***Dass*** *Mark Hunde lieber mag*, *weiß Lena.*
  - *Mark*, ***der*** *Hunde eigentlich lieber mag*, *freundet sich auch mit Lenas Katze an.*
  - *Lenas Katze und Marks Hund dulden sich*, ***weil*** *sie daran gewöhnt sind*, ***dass*** *sie in einer Wohnung leben.*
  - ***Wenn*** *Lena verreist*, *versorgt Mark auch ihre Katze*, ***die*** *viel Zuwendung braucht.*

Infinitivsätze und Partizipialsätze ...

- werden häufig durch ein Komma abgetrennt.
  - *Um die Katze nicht hungern zu lassen*, *geht er Futter bei der Nachbarin borgen*, *ihr dabei versichernd*, *es morgen wieder zu ersetzen.*
  - *Mark hat nicht daran gedacht*, *das Katzenfutter mitzubringen.*
  - *Ohne Futter für die Tiere heimkommend*, *traut sich Mark nicht in die Wohnung.*
  - *Er versichert ihr*, *es morgen wieder zu ersetzen.*
- Bei einem einfachen Infinitiv kann das Komma weggelassen werden, außer es entstünde ein Missverständnis.
- Kein Komma steht außerdem, wenn der Infinitiv von einem Hilfsverb oder „brauchen", „pflegen" oder „scheinen" abhängt.
  - *Er scheint zu lügen.*

Satzgefüge aus Hauptsatz und anderen abhängigen Sätzen ...

- werden durch ein Komma getrennt.
  - *Die Nachbarin meint*, *er solle erst einmal in Ruhe seine Tiere füttern.*
  - *Hätte er nicht so gute Nachbarn*, *wäre das nicht so ein gemütlicher Abend mit Lena geworden.*

Zwischen Adjektiv und Nomen/Substantiv steht kein Komma, wenn die beiden einen festen Begriff bilden:
- *ein schlauer_alter Hase (= ein Mensch).*

Aber:
- *ein alter, schlauer Hase (= ein Hase)*

Aufzählungen gleichrangiger Wörter, Wortgruppen und Sätze ...

- werden durch ein Komma getrennt, wenn keine Konjunktion (bzw. bei Sätzen: keine anreihende Konjunktion) steht.
  - *Sie war eine häusliche*, *brave Katze.*
  - *Der Hund schnappte sich den Pantoffel*, *sauste weg*, *kroch unter das Sofa.*
  - ***Weil*** *Hund und Katze sich gut vertragen*, ***weil*** *sie sogar miteinander spielen*, *ist der häusliche Friede gesichert.*
- Enthalten Wörter und Wortgruppen eine Konjunktion (bzw. Sätze anreihende Konjunktionen), so wird kein Komma gesetzt.
  - *Sie war eine häusliche* ***und*** *brave* ***und*** *schnurrende Katze.*
  - *Der Hund schnappt sich den Pantoffel* ***und*** *saust ins Wohnzimmer* ***und*** *kriecht unter das Sofa.*
  - ***Weil*** *Hund und Katze sich gut vertragen* ***und weil*** *sie sogar miteinander spielen*, *ist der häusliche Friede gesichert.*

Anreden, Ausrufe, Herausstellungen, Einschübe, Zusätze und Nachträge ...

- werden gewöhnlich durch ein Komma abgetrennt.

Anreden:
- *Lena, füttere den Hund.*

Einschübe (Apposition):
- *Lenas Katze, eine Angorakatze, geht eigene Wege.*

Nachträge:
- *Alle frieren, besonders er.*

Betonte Ausrufe
- *Pfui, das darfst du nicht!*

Betonte Bejahungen, Verneinungen, Bitten
- *Ja, das hast du gut gemacht!*
- *Bring doch, bitte, Futter mit!*

- Nicht hervorgehobene Ausrufe kann man ohne Komma schreiben.
  - *Ach lass mich doch in Ruhe!*
  - *Ach komm doch vorbei! Aber sei bitte pünktlich!*
- Dicht angeschlossene Einschübe schreibt man ohne Komma.
  - *Karl_der Kahle; Elisabeth_die Zweite; Die ganze Familie_einschließlich Hund und Katze_macht einen Ausflug.*

33 Stichwortverzeichnis

Lateinische Fachbegriffe

Adjektiv	Eigenschaftswort, Wiewort
adverbiale Bestimmung	Umstandsbestimmung
Adverb	Umstandswort
adversativ	einen Gegensatz ausdrückend
Akkusativ	4. Fall
Akkusativobjekt	Satzergänzung im 4. Fall
Aktivform	Tatform
Artikel	Geschlechtswort
Attribut	Beifügung
Dativ	3. Fall
Dativobjekt	Satzergänzung im 3. Fall
Deklination	Beugung
Demonstrativpronomen	hinweisendes Fürwort
direkte Rede	wörtliche Rede
Genitiv	2. Fall
Genitivattribut	Beifügung im 2. Fall
Genitivobjekt	Ergänzung im 2. Fall
Genus	grammatisches Geschlecht
Imperativ	Aufforderungsform
Indefinitpronomen	unbestimmtes Fürwort
Indikativ	Wirklichkeitsform
Interjektion	Ausrufewort
Interrogativpronomen	Fragefürwort
Irrealis	Nicht-Wirklichkeitsform
Kasus	Fall
Komparation	Steigerung
Konjunktion	Bindewort
Konjunktiv	Möglichkeitsform
Modus	Aussageform
Nomen/Substantiv	Hauptwort
Nominativ	1. Fall
Numerale	Zahlwort
Numerus	Zahl
Objekt	Satzergänzung
Personalpronomen	persönliches Fürwort
Plural	Mehrzahl
Possessivpronomen	besitzanzeigendes Fürwort
präpositionales Objekt	Ergänzung mit Verhältniswort
Präposition	Verhältniswort, Fügewort
Pronomen	Fürwort
Reflexivpronomen	rückbezügliches Fürwort
Relativpronomen	Bezugsfürwort
Singular	Einzahl
Subjekt	Satzgegenstand
Tempora (Einzahl: Tempus)	Zeitformen
Verb	Tuwort, Tätigkeitswort, Zeitwort